AF503156

NOUVEAU
COURS DE THÊMES

POUR LES
QUATRIÈMES ET TROISIÈMES,

CALQUÉS SUR LA GRAMMAIRE DE LHOMOND.

Par Pierre Dantal,

Licencié ès lettres et sciences, en l'Académie de Lyon,
Université Impériale.

A LYON,

De l'Imprimerie de J.-M. BOURSY et Comp.ᵉ,
place de la Fromagerie.

1811.

NOUVEAU
COURS DE THÊMES
POUR LES
QUATRIÈMES ET TROISIÈMES.

PREMIERE PARTIE.

Amo Deum.

L'EMPIRE français est comme une grande famille, dont NAPOLÉON est le père. Nous devons donc l'aimer et l'honorer. Le sceptre qu'il porte à la main est le signe de la puissance législative, et les Français, à l'abri des lois, jouissent en sûreté des biens que la Providence leur distribue. L'épée qu'il a au côté marque la force dont il est armé pour défendre ses sujets et pour maintenir parmi eux l'ordre et la tranquillité. La couronne qui brille sur sa tête est le symbole des rayons éclatans, qui ceignent le front de l'Eternel, et la garde qui veille à la conservation de sa personne sacrée, nous avertit que le palais est une espèce de sanctuaire où nous devons apporter avec respect le tribut de nos hommages. C'est la main du Tout-puissant qui a posé les fondemens du trône où il est assis ; c'est elle qui le revêt de cette majesté qui lui attire la vénération des peuples les plus éloignés.

Saturne, le plus ancien roi d'Italie, régna avec une grande justice et une grande équité. Sous le règne de ce prince, personne ne possédait rien en particulier ; tous les biens étaient en commun, comme si tous n'eussent eu qu'un seul et même patrimoine. Ce siècle fut nommé l'âge d'or. Pour conserver la mémoire de cet heureux temps, les Grecs et les Romains instituèrent les Saturnales, pendant lesquelles le droit des maîtres et des esclaves était égal. Les esclaves prenaient l'habit de leurs maîtres et s'asseyaient à-table à côté d'eux. Ils exerçaient les charges dans leurs maisons ; ils rendaient la justice. Le barreau et les écoles étaient fermés. Les esclaves portaient un bonnet qui était le signe de la liberté. C'était un crime de punir les coupables, et d'entreprendre la guerre pendant ces solennités.

Le sage préfère la vertu à tous les trésors ; il méprise les honneurs et les richesses ; il n'ambitionne point les premières charges, il est toujours content de sa médiocrité. L'Empereur Dioclétien déposa lui-même les faisceaux de l'empire, et passa le reste de sa vie dans ses propres terres. Il avait la couronne en horreur ; il la détestait autant que la peste ; il aimait mieux cultiver son jardin et planter des arbres, que de gouverner les peuples. Ce prince imita l'exemple de ces anciens Romains, qui, après avoir gagné des batailles, déposaient la dictature, reprenaient la charrue et cultivaient leurs terres.

Musica me juvat, etc.

Les richesses font plus de plaisir aux hommes que les vertus ; cependant la vertu nous convient mieux que les richesses. Les plus honnêtes gens chez les Grecs et les Romains étaient les plus pauvres, et la pauvreté leur faisait plus de plaisir que les trésors, puisqu'ils refusaient l'or qui leur était offert : Il ne nous convient pas, disaient-ils, de recevoir des choses inutiles. Les richesses ne nous rendent point heureux, elles ne chassent point la-mort ; nous mourons tous, pauvres et riches, jeunes et vieux : les mêmes destinées nous sont réservées ; l'inexorable Caron attend tous les hommes. Une grande récompense est réservée à ceux qui ont le cœur droit, tandis que les supplices éternels attendent les méchans et les impies.

Hoc ad me pertinet, etc.

LES lois regardent tous les hommes, les pauvres et les riches, les grands et les petits : les unes concernent le repos et la tranquillité publique, les autres l'intérêt de chacun en particulier. La loi naturelle qui tend au bonheur de tous les hommes, est le principe et le fondement de toutes les lois humaines. Elle nous ordonne de conserver ce qui nous appartient, et nous défend de prendre ce qui appartient aux autres. Cette loi est innée en nous ; elle regarde non-seulement nos paroles et nos actions, mais encore nos pensées ; elle proscrit les crimes secrets comme les crimes publics, et condamne la volonté comme le fait.

Studeo grammaticæ.

LES préfets vigilans tâchent de prévenir les maux qui menacent leurs départemens ; ils pourvoient à la sûreté publique et au bonheur des citoyens ; ils ne consultent pas leur intérêt particulier, mais l'intérêt public ; ils confient l'administration des charges inférieures à des hommes sages et prudens, qui veillent au repos et à la tranquillité de la société. Il est très-avantageux pour la société, que ceux qui sont à la tête des autres, mènent une bonne conduite ; car le mauvais exemple de ceux qui commandent, nuit beaucoup à ceux qui obéissent. Les vices d'un préfet peuvent empoisonner une ville entière, parce que le peuple léger se règle sur l'exemple de celui qui gouverne.

DIEU gouverne le monde ; il pourvoit à tous les événemens humains, non-seulement en général, mais encore en particulier ; rien ne lui est caché : il est présent à nos esprits ; il assiste au milieu de nos pensées, ou, pour mieux dire, il ne s'en écarte jamais. Nous devons donc nos premiers devoirs à Dieu, les seconds à la patrie, les troisièmes à nos parens, et ensuite au prochain par degrés. Celui qui satisfait à tous ces devoirs est agréable à Dieu et aux hommes ; mais celui qui manque à ces mêmes devoirs, est odieux à tout le monde. Il nous est avantageux et même nécessaire de contenter les uns et les autres. De grands châtimens menacent ceux qui manquent à des obligations aussi essentielles.

Hoc erit tibi dolori, etc.

LE sage est content de peu, et il ne redoute point la pauvreté ; il est éloigné de tout ce qui excite le désir de l'argent, des richesses et des plaisirs : il se fait honneur de sa pauvreté. Nous avons une lettre d'un philosophe Scythe, conçue en ces termes : Anacharsis à Hannon, salut. J'ai une peau de bête pour habit, le callus de mes pieds pour chaussure, la terre pour lit, la faim pour ragoût, du lait, du fromage et de la viande ; voilà toute ma nourriture : le travail est mon plus grand repos, l'oisiveté serait mon plus grand ennui, et le repos serait ma perte. Vos présens me sont odieux, ils causeraient mon malheur ; donnez-les à vos concitoyens, ou aux Dieux immortels.

Les coutumes des peuples sont différentes : ce qui fait honneur chez les uns , déshonorerait quelquefois chez les autres. Laisser son bouclier dans un combat , était un grand déshonneur pour un soldat Lacédémonien ; tandis qu'être blessé par devant, rester sur le champ de bataille, ou être rapporté sur un bouclier dans sa patrie , était un grand honneur pour eux. Les femmes Lacédémoniennes faisaient un grand crime à leurs enfans de prendre la fuite dans un combat. Tous les anciens historiens ont fait un grand éloge à Epaminondas de son courage guerrier ; aucun ne l'a blâmé d'être resté sur le champ de bataille pour sa patrie.

RÉCAPITULATION.

Les historiens se font un plaisir de louer les bons princes. La puissance, disent-ils, fait beaucoup d'honneur à un prince, pourvu qu'elle soit utile aux peuples ; mais elle le déshonore quand elle leur est pernicieuse. La clémence lui sied très-bien. L'oubli des injures fait aussi beaucoup d'honneur à celui qui a la force de se venger, tandis que tout le monde le blâme d'opprimer la faiblesse. Il convient à un bon prince de mépriser les injures et de se concilier l'amitié des peuples. Le peuple doit aimer le prince, le respecter et lui obéir. Le prince doit toujours consulter l'intérêt du peuple et le défendre.

Abundat divitiis, etc.

Le pauvre qui jouit d'un petit bien est plus heureux que le prince qui est maître des royaumes et des empires, et qui jouit des plus grands revenus. Le pauvre manque de beaucoup de choses ; mais il est toujours content de sa fortune, et il jouit de la tranquillité et du repos. Le prince regorge de tout, il jouit de tous les délices et de tous les plaisirs, il ne se prive de rien ; cependant il n'est jamais content de son sort, il manque toujours de quelque chose ; il ne jouit point d'une véritable paix , parce que les richesses et les plaisirs sont incapables de satisfaire les désirs de l'homme : il est né pour de plus grandes choses ; il doit se servir de ses richesses, mais il ne doit pas s'y attacher.

DIOGÈNE qui habitait dans un tonneau , qui se nourrissait de légumes, qui ne possédait qu'une besace et un gobelet dont il se servait pour boire, qui ne jouissait d'aucun plaisir, et qui manquait de tout , était plus heureux que Xerxès, qui était maître de l'empire des Perses, qui se nourrissait des mets les plus exquis, qui portait les habits les plus magnifiques, et qui regorgeait des biens et des faveurs de la fortune. Diogène était content de sa situation , tandis que Xercès n'était satisfait ni de la multitude innombrable de ses troupes, ni de ses trésors immenses. Il proposa une récompense à celui qui inventerait un nouveau genre de plaisir. On l'inventa ; mais il n'en fut point satisfait, car la volupté n'a point de bornes.

Miserere pauperum. Do vestem pauperi.

LES hommes de bien ont compassion des infortunés ; ils leur donnent les secours dont ils ont besoin , et souvent ils oublient leurs peines pour secourir ceux qui manquent des choses nécessaires ; et quiconque n'a point pitié des infortunés, est indigne d'une longue prospérité. Celui qui oublie les pauvres est pire que les animaux ; il ne mérite pas de vivre. L'homme qui en assassine un autre est digne de mort ; or celui qui refuse au pauvre les choses dont il a besoin, lui donne en quelque sorte la mort ; donc il n'est pas digne de jouir de la lumière. Souvenez-vous toujours de ces paroles, et n'oubliez jamais vos semblables.

Les ambassadeurs de Corinthe allèrent trouver Alexandre-le-Grand, le félicitèrent des victoires qu'il avait remportées sur les Perses, lui offrirent des présens, et lui donnèrent le droit de bourgeoisie. Alexandre se moqua de ce présent. Alors un des députés lui dit : Nous n'avons donné ce droit de bourgeoisie à personne qu'à Hercule, et nous te le donnons, parce que tu es fils du grand Jupiter comme lui. Alexandre, entendant ces paroles, reçut volontiers un honneur aussi extraordinaire, et remercia beaucoup les ambassadeurs ; mais il n'eut pas tant d'égard à ceux qui lui donnaient ce droit, qu'à celui à qui il avait été donné auparavant.

Hæc via ducit homines ad virtutem.

L'amour de la gloire excita Alexandre à continuer la guerre que Philippe avait entreprise contre les Grecs. L'ambition le porta à passer en Asie, et à attaquer des peuples qui ne l'offensaient point. Cette même ambition l'engagea à prendre la route qui conduit au temple de Jupiter Ammon, et à se déclarer fils de ce Dieu. Il vainquit tous les peuples de l'Orient et parvint jusqu'à l'Océan. Dans la suite il se livra tout entier à ses passions ; la prospérité le porta aux plaisirs, les plaisirs le conduisirent à la débauche, et la débauche l'entraîna à sa perte.

Doceo pueros grammaticam.

Les anciens philosophes nous enseignent la manière de prier. Quand vous vous adressez à Dieu, dit Sénèque, ne lui cachez point vos fautes, parce qu'il connaît le fond de votre cœur, et qu'il voit vos pensées même les plus secrètes. Ne lui demandez pas les richesses et les plaisirs, mais un cœur droit et une bonne santé d'esprit et de corps. Enseignez à vos enfans la même prière, et exhortez-les à ne demander à Dieu que ce qui est juste et nécessaire, à vivre avec les hommes, comme si Dieu était témoin de leur conduite. Voici la prière que le philosophe Apollonius enseignait à ses disciples : O Dieu ! accordez-nous les choses qui nous conviennent, et refusez-nous celles qui ne nous conviennent point.

Scribo ad te *ou* tibi epistolam.

PAUSANIAS écrivit une lettre conçue en ces termes à Xerxès, roi des Perses : Pausanias, général des Spartiates, avait pris plusieurs de vos parens, qui se trouvaient dans la ville de Bizance : il vous les renvoie, il désire de faire alliance avec vous ; si cela vous fait plaisir, vous lui écrirez, ou vous lui enverrez un homme avec lequel il puisse en conférer. Xerxès, plein de joie de la conservation de tant de personnes, lui écrivit sur-le-champ, et lui envoya Pharnabaze qui lui promit tout. Alors Pausanias se livra avec plus d'ardeur à ses projets, et devint suspect aux Lacédémoniens ; ils lui envoyèrent un courrier pour le rappeler dans sa patrie, et ne l'envoyèrent plus à l'armée navale.

Accepi litteras à patre meo.

PÉRICLÈS avait reçu de la nature toutes les qualités qui distinguent les grands hommes ; il les cultiva avec soin, et il obtint des Athéniens les plus grands honneurs. Ce peuple lui confia les premières magistratures, et il les exerça avec honneur. Il reçut de tous les bons citoyens des marques d'estime et de respect, et il ne négligea rien pour les mériter. Les Athéniens reçurent de lui les plus grands services. Il avait puisé dans les bons auteurs qu'il avait lus, des préceptes propres à bien gouverner la république. Les Athéniens jugèrent du mérite de ce grand homme par ses actions et par sa conduite. Ils reçurent une grande douleur de sa mort.

Id audivi ab *ou* ex amico meo, etc.

Caton aimait beaucoup son frère, qui était tribun des soldats en Asie. Il s'informait souvent aux voyageurs, de l'état de sa santé. Dès qu'il eut appris par des lettres que son frère était dangereusement malade, il se hâta de se rendre auprès de lui pour lui prodiguer ses soins ; mais, chemin faisant, il apprit par un exprès la mort de ce frère chéri : alors il se livra tout entier à la tristesse et aux larmes. Il s'informa aux médecins du pays, de la cause de cette maladie, et il connut par leurs réponses non-seulement ce qu'il demandait, mais encore l'insuffisance de leur art.

RÉCAPITULATION.

Cléanthe étoit très-pauvre : pendant le jour il assistait aux leçons du philosophe Zénon, pendant la nuit il tirait de l'eau d'un puits, et recevait une modique récompense d'un jardinier. Un jour il fut cité en justice et accusé de vol; les juges lui demandèrent d'où il tirait de quoi vivre, lui qui ne professait aucun métier. Cléanthe amena pour se justifier le jardinier pour qui il puisait de l'eau, et de qui il recevait un modique salaire, et la femme chez laquelle il pilait au mortier, témoins tous deux de son gain et de sa manière de vivre. Non-seulement les juges de l'Aréopage le renvoyèrent absous; mais encore ils lui firent présent de dix mines, qu'il ne voulut pas recevoir.

Christus redemit hominem à morte.

SOCRATE n'employa point un défenseur pour se délivrer des mains des Athéniens ; il ne parut point devant les juges dans la posture humiliante de suppliant ; il usa de cette fierté qui part de la grandeur d'ame, plutôt que de l'orgueil. Quoiqu'il pût aisément s'échapper de la prison, il ne le fit point ; il demeura trente jours dans l'attente de son jugement, pour ôter aux hommes la crainte de la prison et de la mort. Il y a deux chemins, disait-il, pour les ames qui sortent de ce monde, dont l'un conduit aux supplices éternels, et l'autre à l'heureux séjour des Dieux.

QUOIQUE la crainte du déshonneur et des supplices ne rende pas innocent celui qui s'éloigne du vice dans cette vue, elle ne contribue pas peu à le rendre homme de bien ; car tandis que cette crainte l'éloigne du crime, elle l'accoutume peu à peu à se soumettre aux lois divines et humaines, à dompter ses passions, à conserver ses biens, à s'abstenir de ceux d'autrui, et à se séparer de la compagnie des méchans. Les prisons, les chaînes et tous les différens supplices ont été établis pour détourner du crime ceux que l'amour de la vertu ne peut retenir dans le devoir.

Implere dolium vino.

DIEU éloigne des gens de bien tout ce qui peut s'appeler véritablement maux, c'est-à-dire, les péchés et les crimes. Il comble les méchans de faux biens ; il les enrichit d'or, d'argent et de pierres précieuses : au dedans, ils sont vides de toutes vertus. Mais il comble les hommes de bien, d'un trésor solide et durable ; il les orne de toutes les vertus et de tous les talens nécessaires : il remplit leur cœur de bonnes pensées et de bons désirs. Il les garantit des accidens tristes et fâcheux, dont les méchans sont accablés : il leur donne la force et la patience de supporter les ennuis qu'ils éprouvent ; tandis que les autres, destitués des mêmes avantages, se livrent souvent au désespoir.

Admonui eum periculi, *ou* de periculo.

DÉMOSTHÈNE, informé des desseins du roi de Macédoine, avertit ses concitoyens des dangers qui les menaçaient. Il réveilla l'attention des Athéniens, et déconcerta les projets de Philippe. Instruit de tous les complots et de toutes les démarches de ce prince, il en informa les magistrats et le peuple. Cet orateur, plus redoutable dans la tribune que brave dans un combat, découvrit aux Athéniens tout ce dont il avait été informé, et les menaça d'une servitude prochaine, s'ils ne prenaient les armes contre les Macédoniens. Philippe, informé des démarches de Démosthène, leva une armée et fondit sur la Grèce.

Insimulare aliquem furti, *ou* furto.

TOUS les grands hommes d'Athènes ont été accusés de quelque crime, et condamnés à quelque peine. Socrate, le plus instruit des anciens philosophes, fut accusé d'avoir enseigné l'impiété à la jeunesse d'Athènes, et condamné à boire la ciguë. Si les juges avaient été intègres, les accusateurs auraient été convaincus de calomnie et de mauvaise foi, et Socrate aurait été absous de toute accusation ; mais ces juges ne consultèrent ni la loi, ni l'équité, ni leur conscience. Aristide fut accusé d'avoir pratiqué la justice ou d'avoir brigué le surnom de juste, et condamné à un exil de dix ans. Les Athéniens étaient choqués de ce qu'il avait cherché à se distinguer des autres par le titre de juste.

PHOCION, qui était le plus vertueux d'Athènes, fut accusé d'avoir trahi la république, et condamné à mort avec tous ses amis, qui avaient été accusés du même crime. Démosthène fut accusé d'avoir reçu une coupe d'or d'Alexandre, et condamné à sortir de l'Attique. Longtemps auparavant ils avaient accusé Miltiade d'avoir eu des intelligences avec le roi des Perses, et l'avaient condamné à mort. Les accusateurs de ce grand homme furent convaincus de calomnie, et il fut absous de ce crime capital; mais il fut condamné à une grosse amende; et comme il ne put la payer, il mourut dans les fers. Tous les historiens ont accusé ce peuple d'ingratitude et d'injustice.

Deus amat virum bonum illique favet.

NOUS exhortons les jeunes gens à lire et à étudier l'histoire ancienne; elle est propre à former le goût et le jugement. Elle fait mention de plusieurs grands hommes qui ont aimé et favorisé les citoyens vertueux, qui ont rempli les premières places de la république avec honneur et gloire, qui ont secouru et protégé l'innocence, qui ont servi et respecté les princes qui les commandaient, qui ont défendu leurs lois et leur liberté, et qui sont morts en combattant courageusement pour leur patrie. Tous ces grands hommes ont eu un souverain mépris pour les richesses, qui ne peuvent ni satisfaire ni éteindre la soif insatiable de l'avare.

Amor à Deo, etc.

L'univers entier fut conquis par les Romains. Ils furent souvent battus par leurs ennemis. Plusieurs armées romaines ont été défaites par les Carthaginois ; cependant Rome n'a jamais été prise par eux, tandis que Carthage a été détruite par les Romains. Les guerres de ces deux peuples ont été écrites en latin et en Grec par plusieurs historiens célèbres ; mais la conduite du Sénat romain envers les Carthaginois n'est approuvée d'aucun ; au contraire, elle paraît injuste à tous, et elle l'est en effet. Aussi les Carthaginois furent transportés de colère et de fureur lorsqu'ils eurent appris le sort qui les attendait : toute la ville retentit de cris et de lamentations.

Me pœnitet culpæ meæ, etc.

Les anciens philosophes étaient très-pauvres, mais ils ne rougissaient point de leur pauvreté ; au contraire, ils avaient compassion de ces hommes qui deviennent esclaves de leurs richesses. Un jour Socrate avait invité à souper quelques personnes riches ; sa femme Xantippe rougissait de les recevoir si simplement : Ne vous inquiétez point, lui répondit Socrate ; si ce sont des gens de bien et sobres, qui ne s'ennuient point de notre conversation, ils ne seront pas fâchés d'être venus chez nous ; mais s'ils sont déréglés et méchans, ils commenceront d'abord à s'ennuyer de la frugalité de notre table, et ils se repentiront de s'y être assis : mais ils ne valent pas la peine qu'on s'en embarrasse.

Refert Imperatoris.

IL importe au prince de bien gouverner et de rendre son peuple heureux ; mais il est de l'intérêt des sujets d'obéir aux ordres du prince, et de lui payer les tributs. Il est de l'intérêt du prince d'avoir soin que la paix et la tranquillité règnent dans ses états, et il importe au bonheur des sujets de ne pas la troubler ; au contraire, il est de leur intérêt de la maintenir et de la défendre. Il est de l'intérêt du prince de faire des lois justes et équitables, de punir le vice et de récompenser la vertu ; mais il nous importe à tous de faire ce qu'elles nous ordonnent, et d'omettre ce qu'elles nous défendent. Il importe à chacun de nous de nous montrer dociles et obéissans à ceux qui nous commandent, et de suivre leurs conseils.

Est Imperatoris.

IL est d'un juge sage et prudent de se souvenir non-seulement de l'étendue du pouvoir que la république lui a donné, mais encore de l'importance du dépôt qu'elle lui a confié. Qu'il pense que c'est à lui à absoudre quelquefois celui qu'il hait, et à condamner celui qu'il aime ; car ce n'est pas à un juge prudent et sage, à faire tout ce qu'il désire : il doit toujours consulter la loi, la religion, l'équité et la bonne foi. Qu'il sache que c'est à lui à écarter de ses jugemens la haine, l'envie, la crainte et toutes les autres passions. C'est à lui, en un mot, à préférer à tout le sentiment intérieur de sa conscience ; car cette conscience que nous avons reçue de Dieu, et dont nous ne pouvons nous défaire, est témoin de toutes nos pensées et de toutes nos actions.

RÉCAPITULATION.

IL importe à tous les hommes de donner bon exemple, mais particulièrement aux princes et à tous ceux qui sont à la tête des autres. C'est à eux d'instruire les autres par leur conduite et leurs exemples : l'exemple nous est plus nécessaire que toute autre chose ; car les leçons de l'exemple sont les meilleures et les plus efficaces. L'exemple du prince est plus fort que la loi, parce que le peuple léger se règle sur lui; c'est donc à lui à pratiquer la vertu et à fuir le vice. Il est de son intérêt d'être aimé et estimé de ses sujets. Il importe à sa gloire et à son bonheur de jouir d'une grande réputation de justice et de sagesse.

Mihi opus est amico.

Interdico tibi domo meâ, etc.

LYCURGUE, qui donna des lois aux Spartiates, leur interdit la possession de l'or et de l'argent, et leur permit l'usage de la monnaie de fer, qui était si lourde, que très-souvent ils avaient besoin d'un char pour transporter une somme assez modique. Le même législateur interdit à ses citoyens l'achat et la vente des marchandises, et leur permit seulement l'échange. La République, disait-il, n'a pas besoin d'or ni d'argent, mais de bons citoyens : Sparte peut facilement se passer de richesses ; mais elle a besoin de courage, de sagesse et de bonne foi. Il partagea les terres entre tous les citoyens, pour que le riche ne fût pas plus puissant que le pauvre, et que le pauvre n'eût pas besoin du riche.

AUTREFOIS les récompenses étaient rares et de peu de conséquence, et par-là même plus honorables. Les Lacédémoniens faisaient présent d'une statue, d'un portrait ou d'une couronne de chêne à celui qui avait fait quelque belle action. Les Athéniens récompensèrent Trasybule de tous les services qu'il avait rendus à sa patrie, par une couronne faite de deux branches d'olivier. Les Romains donnaient une couronne d'herbe pour récompense à celui qui avait sauvé l'armée entière. Dans la suite les récompenses sont devenues plus fréquentes, et par-là même viles et méprisables ; car les trois cents statues que les Athéniens décernèrent long-temps après à Démétrius de Phalère, ne lui firent pas plus d'honneur que la couronne d'olivier en avait fait à Trasybule.

RÉCAPITULATION.

DANS tous les combats où Coriolan se trouva, il obtint une couronne ou quelqu'autre récompense militaire. Il avait pour but de plaire à sa mère. Lorsqu'elle le voyait revenir couronné ou décoré de quelqu'autre récompense, elle l'embrassait en pleurant de joie ; aussi les Romains n'eurent besoin que des prières de Véturie pour fléchir la colère de Coriolan, lorsqu'il marchait contre Rome avec une armée victorieuse. Les Volsques l'accusèrent de trahison et le condamnèrent à la mort ; mais Coriolan ne se repentit point d'avoir préféré l'amour qu'il avait pour sa mère, à sa propre existence.

RÉGIME D'UN VERBE
SUIVI D'UN AUTRE VERBE.

XERXÈS résolut de continuer la guerre que Darius son père avait entreprise contre les Grecs, et se hâta de mettre sur pied une armée de sept cent mille Perses et de trois cent mille hommes de troupes auxiliaires. La Grèce pouvait à peine contenir cette armée. A cette nouvelle, Léonidas, roi de Sparte, alla consulter l'oracle d'Apollon ; il leva une armée de quatre mille hommes, les exhorta à défendre courageusement la patrie, et alla s'emparer du défilé des Thermopyles. Il aurait pu lever une armée plus nombreuse ; mais il voulait rendre sa victoire plus glorieuse, ou sa défaite moins préjudiciable à la république.

TOUS les soldats Lacédémoniens, disposés à vaincre ou à mourir, fondirent avec une grande impétuosité sur les Perses, et firent un grand carnage. Xerxès, vaincu deux fois sur terre, voulut tenter la fortune sur mer. Avant le combat naval, quatre mille Perses allèrent piller le temple de Delphes. Xerxès, non content de faire la guerre aux Grecs, voulut aussi la déclarer aux Dieux immortels. Les soldats, revenant de piller ce temple, périrent tous par les pluies et par la foudre. Ce prince, transporté de fureur, alla incendier les villes de Thepsie, de Piatée et d'Athènes. Lorsque les soldats furent revenus de brûler ces villes, Xerxès les mena à un troisième combat ; mais il fut vaincu et mis en fuite.

Consumit tempus legendo, etc.

HERCULE acquit une grande gloire en taillant en pièces les Amazones auprès du fleuve Thermédon, et en faisant mourir les deux tyrans Diomède et Busiris, qui étaient deux barbares. Diomède prenait les étrangers et les jetait à des chevaux féroces pour être dévorés ; Busiris les livrait aux sacrificateurs pour être immolés à Jupiter. Hercule donna une grande preuve de son industrie, en nettoyant les écuries d'Augias, roi d'Elide. Il montra une grande habileté en domptant le taureau féroce envoyé par Neptune, et en enlevant les pommes d'or du jardin des Hespérides. Il passa plusieurs années à parcourir les différentes parties de l'Europe, et à soulager les mortels de diverses calamités qui les accablaient. Il fut le plus célèbre des héros de l'antiquité.

ASTYAGE, roi des Mèdes, effrayé d'abord par un songe et ensuite par la réponse des devins, livra Cyrus, son petit-fils, à Harpagus pour le faire mourir. Harpagus se chargea d'exécuter les ordres du roi, mais il ne le fit point ; au contraire, il donna l'enfant à nourrir à des bergers. Lorsqu'Astyage fut informé de cela, il fit mourir le fils d'Harpagus, le donna à apprêter à ses cuisiniers, et le servit dans un festin à ce malheureux père. Il lui demandait de temps en temps si la sauce était bonne. Harpagus ne cessa point de flatter ce prince cruel : Chez le roi, répondit-il, tout repas est bon.

UN loup, pressé par la faim, rôdait de tous côtés, cherchant de la nourriture. S'étant approché d'une maison il entendit un petit enfant qui pleurait, et une vieille qui lui disait : Cesse de pleurer, ou je te jette au loup. Le loup croyant que la vieille disait vrai, attendit long-temps avec patience, espérant toujours d'obtenir cette proie. Le soir vient, il écoute encore. La vieille caressant le petit bonhomme, lui disait : Si le loup vient ici, nous le tuerons. Lorsque le loup eut entendu parler cette vieille de la sorte, il s'en alla en disant : Cette vieille parle d'une façon et agit d'une autre.

SYNTAXE DES PRONOMS.

Qui et *Que* relatifs, etc.

L'AVARE est le plus misérable des hommes. Phèdre compare l'homme qui aime les richesses à un grand dragon, qui garde son trésor dans les entrailles de la terre. L'avare, dit-il, est un homme qui mène une vie misérable ; qui désire sans cesse ce qu'il ne possède pas ; qui voudrait être maître de l'univers entier ; un homme qui fait la joie d'un héritier avide ; qui retranche l'encens qui est dû aux Dieux ; qui se plaint sa nourriture ; qui entend avec peine les sons harmonieux du luth, qui sèche aux doux concerts des flûtes ; qui pousse de profonds soupirs toutes les fois qu'il tire un denier de sa bourse ; qui, pour augmenter ses richesses, fatigue le ciel par des vœux honteux, et qui voudrait, s'il était possible, emporter dans l'autre monde les trésors qu'il a ramassés dans celui-ci.

~~~~~~~~~

TOUTES les agitations de l'esprit qui étouffent la raison, troublent le bonheur de l'homme. Nous appelons heureux celui que la crainte n'ébranle point, que l'inquiétude ne ronge point, que la passion n'anime point, qu'une vaine joie ne transporte point, et que la volupté n'amollit point. Nous donnons encore le nom d'heureux à celui qui ne regarde comme un bien, que ce qui est honnête, et comme un mal ce qui est honteux ; qui méprise les plaisirs, qui est fidèle aux règles de l'honnêteté, et qui ne se laisse point abattre par les différens caprices du hasard, qui n'est point esclave de sa fortune, mais qui sait s'en servir.
~~~~~~~~~

SOCRATE, que les jeunes Athéniens aimaient et favorisaient, était un philosophe très-pauvre, qui n'avait cependant besoin de rien, et qui n'eut jamais honte de sa pauvreté, parce que, disait-il, les richesses ne sont pas nécessaires pour le bonheur. Les Athéniens, qui avaient un besoin essentiel de ce philosophe, et à qui il importait de lui conserver la vie, le condamnèrent à boire la ciguë. Socrate, que tout homme de bien devait secourir et défendre, reçut de Lysias, qui passait pour le plus grand orateur de son temps, un discours conforme à sa malheureuse situation ; mais il ne voulut pas en faire usage.

LES Athéniens, qui avaient eu besoin de Socrate pour instruire leurs enfans, qui lui avaient par conséquent de grandes obligations, et à qui il aurait importé de se montrer reconnaissans des bienfaits qu'ils avaient reçus de ce philosophe, le payèrent de la plus noire ingratitude ; car ce ne fut que sous de faux prétextes qu'ils le condamnèrent à la mort. La doctrine que ce philosophe enseignait n'était point l'athéisme, comme quelques-uns le prétendaient. Le discours qu'il composa pour sa défense fut simple et noble ; c'était un abrégé de sa vie : mais le peuple qui est un animal aveugle et inquiet ne l'écouta point ; et Socrate, qui était l'oracle de toute la Grèce, fut la victime de quelques hommes méchans qui en voulaient à sa vie ; mais qui se repentirent bientôt de leur homicide.

Dont, de qui, etc.

LES biens dont nous faisons usage, la lumière dont nous jouissons, l'air que nous respirons, sont autant de bienfaits que nous avons obtenus de Dieu, dont la libéralité est infinie. Nous sommes indignes des bienfaits dont il nous comble chaque jour, et dont nous avons néanmoins un très-grand besoin. Il nous a donné pour guide la raison, dont nous faisons souvent mauvais usage, et dont nous pourrions nous servir pour parvenir à la gloire qui est réservée à ceux dont les actions auront été conformes à la justice et à l'équité, et dont la conduite aura été constante et uniforme jusqu'à la fin.

∾∾∾∾∾

Cicéron, par qui tous les beaux discours que nous avons ont été composés, par qui les desseins de Catilina furent découverts, et par qui Rome fut tant de fois sauvée, est un des plus grands orateurs dont l'histoire fasse mention. Les Romains, à qui il avait rendu tant de services, et à qui il avait sauvé la vie, le nommèrent père de la patrie. Cicéron était très-lié avec César, à qui il avait été d'une grande utilité, et dont il parle avec tant d'enthousiasme dans plusieurs endroits de ses ouvrages. Après la mort de ce prince, Auguste, à qui il s'était attaché, l'abandonna lâchement à Antoine, par qui il fut décapité.

RÉCAPITULATION.

Nous devrions recueillir notre esprit tous les jours, pour nous rendre compte de nous-mêmes. L'histoire ancienne que nous lisons et étudions, fait mention de plusieurs grands hommes qui agissaient de la sorte. Lorsqu'ils allaient se coucher, ils se demandaient : De quel vice t'es-tu corrigé aujourd'hui ? à quelle tentation as-tu résisté ? par quel endroit es-tu devenu meilleur ? à qui as-tu fait tort ? à qui as-tu rendu service ? C'est une coutume qui est fort louable et dont on peut tirer de très-grands avantages : c'est une méthode dont plusieurs personnes font usage, et par laquelle elles deviennent tous les jours meilleures; elles examinent tout ce qu'elles ont fait et ce qu'elles ont dit pendant la journée; elles ne se cachent rien et ne se pardonnent rien.

LE sage ne s'enorgueillit point de la bonne fortune, et ne se laisse point abattre par la mauvaise. Celui qui endure courageusement les maux qui nous accablent, se fait de ses disgraces un sujet de gloire; car rien ne nous frappe tant, rien n'excite tant notre admiration, qu'un homme ferme dans son infortune. Le sage se fait un précepte de prévenir les revers de la fortune avant qu'ils n'arrivent. L'adversité est dure pour celui qu'elle surprend; celui qui l'attend de pied ferme la supporte facilement. Le sage ne se confie jamais à la fortune, quoiqu'elle semble lui promettre le calme et la paix; il s'y prend de telle sorte que la fortune peut lui reprendre toutes les faveurs dont elle l'a comblé, sans que son ame en soit ébranlée.

CEUX qui se confient à la fortune, se livrent à une déesse inconstante. Ceux qui s'attachent aux biens dont elle les comble, se croient heureux. Ils le sont en effet pendant quelques instans; mais lorsqu'elle les prive de ses faveurs, ils se livrent à la tristesse et au désespoir, tandis que ceux qui ne s'enorgueillissent point de leur bonne fortune, ne s'abattent point quand elle leur tourne le dos; ils se conservent inébranlables dans les succès et les afflictions : le chagrin et la tristesse ne peuvent jamais s'insinuer dans leurs cœurs; les calamités et les périls qui les environnent ne sauraient les ébranler : ils se félicitent de tout et ne s'attristent de rien.

Qui

Qui, *que*, interrogatifs, etc.

QUI de vous a lu l'histoire ancienne ? Lequel des deux fut le plus grand capitaine de Philippe ou d'Alexandre ? Alexandre. Lequel des deux fut le plus rusé du père ou du fils ? le père ; car il devint puissant par la ruse et la fourberie plus que par la force des armes. Alexandre subjugua plusieurs nations ; mais ce fut toujours à force ouverte et jamais par ruse. Qui préférez-vous ? Alexandre. Qui fut jamais plus sincère et plus généreux que lui ? Qui avez-vous vu des anciens généraux traiter ses ennemis avec plus de bonté ? Qui eut des amis plus fidèles que lui ? Qui aimait plus Alexandre que ses soldats ? Qui fut plus redouté de ses ennemis qu'Alexandre ? Qui jugez-vous plus heureux de Philippe ou d'Alexandre ? ni l'un ni l'autre.

* * *

QUI fut le premier des empereurs Romains ? Jules-César. Qui lui succéda ? Auguste. Lequel des deux était le meilleur général, de César ou d'Auguste ? César. Quels peuples subjugua-t-il ? les Gaulois, les Espagnols et plusieurs autres. A quoi aspirait-il ? à l'empire de l'univers. Qui est celui des généraux Romains qui s'opposa à lui ? Pompée, qui fut vaincu près de Pharsale. Que devint-il ensuite ? il se retira auprès de Ptolémée, roi d'Egypte. Quelle fut la fin de ce grand homme ? il fut assassiné par l'ordre de Ptolémée. Quel mal lui avait-il fait ? aucun. Qui porta donc Ptolémée à cette action barbare ? l'envie de plaire à César.

* * *

QUELS furent les grands orateurs de l'antiquité ? Cicéron et Démosthène. Lequel des deux a composé le plus d'ouvrages ? Cicéron. Quels sont les ouvrages de Cicéron ? il serait trop long de

B

vous en faire l'énumération. Qui des deux fut le plus éloquent de Démosthène ou de Cicéron ? ce n'est pas à moi à en juger. Lequel des deux est le plus ancien ? Démosthène. Quelle année naquit-il ? l'an trois mil six cent dix-neuf. Quel jour ? le dix-huit du mois Xanticus. A quelle heure ? je ne sais si c'est à neuf ou à dix. Quels étaient ses parens ? son père était directeur des forges. A quel âge commença-t-il à composer des discours ? à dix-sept ans. En quel temps naquit Cicéron ? l'an trois mil huit cent quatre-vingt-seize. A quoi s'appliqua-t-il principalement ? à l'étude des belles-lettres ; mais aussi quelle douceur, quelle élégance, quelle énergie dans ses discours ! Quel homme !

ETES-VOUS malade, Monsieur ? oui. Quelle maladie avez-vous ? je n'en sais rien. Est-ce une hydropisie ? les médecins disent que non. Est-ce un abcès ? je ne crois pas. Est-ce la fièvre ? je crois fort que c'est une fièvre, mais d'une espèce nouvelle. Quel jour vous prend-elle ? Quel jour ? tous les jours. A quelle heure ? à deux heures et demie. Où avez-vous pris cette maladie ? je n'en sais rien. N'avez-vous pas consulté quelques médecins ? j'en ai consulté plusieurs ; mais en vain. Avez-vous confiance en eux ? pas trop. Si vous vous méfiez des médecins, il faut demander à Dieu le rétablissement de votre santé : Dieu vous tiendra lieu de médecin. Je l'espère. Bon soir. Je vous souhaite une bonne nuit.

UN jour Polus demandait à Socrate, si Archélaüs qui passait alors pour le plus heureux des hommes, l'était en effet. Je n'en sais rien, repartit Socrate, car je n'ai jamais parlé avec lui. *Polus.* Est-ce que vous ne pouvez pas le savoir autrement ? *Socrate.* Non. *Polus.* Vous ne pourriez donc pas me dire si le grand roi des Perses est heureux. *Socrate.* Comment le pourrais-je, puisque j'ignore s'il est juste ? *Polus.* Est-ce que vous croyez que le bonheur consiste dans la justice ? *Socrate.* Sans doute, je pense que les gens de bien sont heureux, et les méchans malheureux ? *Polus.* Archélaüs est donc malheureux ? *Socrate.* Certainement, s'il est injuste.

⁓⁓⁓⁓

QUE chacun se dise à lui-même, toutes les fois qu'il est insulté : Suis-je plus grand et plus puissant que NAPOLÉON ? non sans doute. Cependant on l'outrage impunément. Ai-je plus d'autorité dans ma maison qu'il en a lui-même dans tout l'univers ? cependant il se contente d'éloigner les insolens de sa présence. Pourquoi donc punirai-je dans mes domestiques une réponse trop libre, un air trop impérieux, ou un murmure qui n'est point parvenu jusqu'à moi ? Qui suis-je pour qu'on ne puisse blesser mes oreilles sans crime ? NAPOLÉON pardonne à ses plus cruels ennemis, et moi je ne pardonnerai pas à des paresseux, à des négligens, à des causeurs ! Quelqu'un m'a offensé pour la première fois ? je dois penser combien de fois il m'a plu, et lui pardonner de bon cœur. Que les autres me pardonnent de même.

⁓⁓⁓⁓

N'OUBLIEZ pas les préceptes de la loi divine, et ne les violez point. Adorez un seul Dieu, et remerciez-le des biens qu'il vous accorde chaque jour. Aimez tous les hommes comme vos frères ; rendez-leur service lorsque vous le pourrez, et qu'ils en auront besoin. Fuyez la compagnie des méchans. Que les impies redoutent votre présence ; que les gens de bien l'aiment. Honorez vos parens et vos maîtres ; respectez-les, écoutez les conseils qu'ils vous donnent, et suivez-les. Obéissez aux princes et aux lois ; imposez silence à ceux qui osent dire du mal d'eux en votre présence. Que votre oreille soit fermée aux médisans et aux calomniateurs.

PARTICIPES.

LA Phénicie et la Syrie ayant été conquises, Alexandre marcha sur Tyr avec son armée. Les Tyriens lui ayant envoyé des députés, il les reçut fort bien. Ce prince devant entrer dans Tyr pour s'acquitter d'un vœu à Hercule, les députés lui en refusèrent l'entrée. Alexandre ne pouvant contenir sa colère, les menaça de ruiner leur ville. Les Tyriens, encouragés par les Carthaginois, et animés par l'exemple de la reine Didon, qui, ayant fondé Carthage, avait conquis la troisième partie du monde, se préparèrent à repousser la force par la force. Sept mois après, la ville ayant été prise, les Macédoniens y entrèrent, et mirent tout à feu et à sang. Les principaux de la ville ayant été arrêtés, les Macédoniens les crucifièrent.

UN homme s'étant lié d'amitié avec un satyre, mangeait avec lui. Un jour d'hiver l'homme ayant approché ses mains de sa bouche, souffla dessus ; le satyre s'en étant aperçu lui en demanda la raison : C'est à cause du froid, reprit l'homme. Peu de temps après un potage chaud leur ayant été servi, l'homme l'approcha de sa bouche et se mit à souffler dessus ; le satyre lui ayant demandé une seconde fois pourquoi cela. Pour refroidir ce que je mange, répondit-il. Je renonce à ton amitié, repartit le satyre, puisque ta bouche souffle le froid et le chaud. Ne faites point liaison avec un homme double.

Un avare ayant vendu tous les biens qu'il avait à la ville, se retira dans sa maison de campagne. Ayant enfoui ses trésors dans son jardin, il allait les voir tous les jours. Un ouvrier s'en apercevant résolut de les enlever. Etant entré dans le jardin pendant la nuit, ayant déterré le trésor, il l'enleva ; et ayant mis un caillou dans le même endroit, il le couvrit de terre. L'argent devant être compté le lendemain comme à l'ordinaire, l'avare ne le trouva point. Ayant considéré long-temps la place et le caillou, il commence à verser des larmes et à s'arracher les cheveux. Etant rentré dans sa chambre, il mourut de chagrin. Les trésors dont on n'a pas besoin sont plus nuisibles qu'utiles.

RÉCAPITULATION.

Souffrez toute sorte de tourmens plutôt que de faire le mal. Rappelez-vous Anaxarque, disciple de Démocrite, qui étant tombé à Chypre entre les mains du roi Nicocréon, n'évita aucun genre de supplice. Ayant été jeté dans un mortier de pierre, et broyé à coups de marteau : Frappez, disait-il, frappez, le sac d'Anaxarque (c'est ainsi qu'il appelait son corps); mais pour Anaxarque, jamais vous ne pourrez lui faire aucun mal. A la fin, le tyran l'ayant menacé de lui faire couper la langue, aussitôt se l'étant coupée lui-même avec les dents, et l'ayant broyée il la lui cracha sur la figure.

PRÉPOSITIONS.

Noms de matière , etc.

LA simplicité des grands hommes de l'antiquité est admirable. Les habits qu'ils portaient
n'étaient ni de soie ni de pourpre , mais d'étoffe
commune. La vaisselle dont ils se servaient n'était
ni d'or ni d'argent, ni même de cuivre, mais de
bois ou de corne. Les députés des Samnites ayant
apporté à Curius une grande somme d'argent, le
trouvèrent assis sur un banc auprès de son feu,
mangeant dans une écuelle de bois. Il refusa l'argent qu'on lui offrait, et leur dit qu'il aimait
mieux manger dans une écuelle de bois ou d'ar-
gille , et être assis sur un banc, que d'avoir une
vaisselle d'or ou d'argent et des chaises d'ivoire,
parce qu'il était plus glorieux de commander à
ceux qui avaient des richesses, que d'en avoir
soi-même.

Noms de mesure , de prix , d'instru-
ment , etc.

LES pyramides d'Egypte étaient au nombre de
vingt, dont les trois principales sont environ à
trois lieues du Caire. La plus grande, dont le
circuit est de six cent quarante pieds , et la hauteur de cinq cents, fut mise au nombre des sept
merveilles du monde. Cent mille ouvriers y tra-
vaillèrent pendant trente ans de suite ; elle coûta
des sommes immenses, puisque les aulx, les oi-
gnons , les raves et autres légumes fournis aux
ouvriers, se montèrent à seize cents talens. La
seconde, qui est à deux cents pas de la première,
est de la même hauteur ; mais elle a moins de circuit. La troisième, qui est à un jet de pierre de
la seconde , a trois cent vingt pieds de hauteur.
La première et la seconde sont donc plus hautes
que la troisième de cent quatre-vingts pieds.

LA piété et la sainteté nous rendent agréables
à Dieu. Ce n'est ni par les offrandes, ni par l'or,
ni par l'argent, ni même par les aumônes dont
nous faisons présent aux églises, que nous hono-
rons Dieu, mais par une intention droite et pure.
Les hommes de bien sont toujours agréables à
Dieu, quoiqu'ils ne lui offrent que des mets de
leur table ; mais les méchans n'apaiseront jamais la colère divine, quoiqu'ils arrosent les au-
tels d'un grand nombre de victimes, parce que,
tant qu'ils seront impies, Dieu les regardera d'un
œil irrité : ce n'est donc pas par les actions ex-
térieures que nous pouvons plaire à Dieu, mais
par un cœur juste et bon.

AUTREFOIS les ouvrages des poëtes et des philosophes se vendaient beaucoup plus qu'aujour-
d'hui. Platon paya dix mille dragmes, ou dix-sept
cent cinquante francs, trois livres qu'un disciple de Pythagore avait composés. Aristote acheta
les ouvrages de Speusippe, qui étaient en très-
petit nombre, trois talens attiques, environ cinq
mille vingt francs. Isocrate vendit une harangue
vingt talens, ou trente-trois mille six cents francs.
Octavie ayant entendu Virgile déclamer des vers
en l'honneur de son fils, tomba évanouie à ces
mots : *Tu seras un autre Marcellus.* Ayant re-
pris ses esprits, elle donna à Virgile dix sesterces
pour chaque vers.

QUESTIONS DE TEMPS.

CYRUS commença à régner en Perse l'an trois
mil quatre cent quatre-vingt-douze. L'an trois
mil cinq cent seize il se rendit maître de Babylone, et permit aux Juifs, qui y étaient restés
pendant soixante et dix ans, de retourner dans
leur patrie et de rebâtir le temple de Jérusalem.
Ce prince régna sept ans à Babylonne, et mou-

rut l'an trois mil cinq cent vingt-trois, âgé de soixante-dix ans. Cambyse qui lui succéda monta sur le trône en trois mil cinq cent vingt-quatre, et mourut en trois mil cinq cent trente-un, après avoir régné environ huit ans. Après la mort de Cambyse, deux mages qui étaient frères et Mèdes de nation, usurpèrent la couronne et la possédèrent sept mois ; ensuite le sceptre fut déféré à Darius, qui régna trente-six ans.

L'empereur Auguste aimait beaucoup la simplicité. Il habita pendant plus de quarante ans, hiver et été, dans une chambre qui n'était remarquable ni par sa grandeur ni par l'éclat des meubles dont elle était ornée. L'élégance des meubles de ce prince égalait à peine celle des meubles d'un particulier. Cependant ce même Auguste embellit Rome, dont le lustre ne répondait point à la majesté de l'Empire, de telle sorte qu'il se vanta avec raison de la laisser toute de marbre, tandis qu'il ne l'avait trouvée que de brique. Il mourut le dix du mois d'août, la quarante-quatrième année de son règne, la soixante et seizième de son âge, et la quatorzième de Jesus-Christ.

RÉCAPITULATION.

L'an de Rome six cent vingt-huit, les censeurs Cassius et Longinus firent comparaître devant eux Lepidus Emilius augure, qui avait été consul quelque temps auparavant, parce qu'il avait loué une maison six mille livres ; mais aujourd'hui, dit Velleius Paterculus, qui écrivait cent cinquante ans après, à peine reconnaîtrait-on pour sénateur un homme qui habiterait une maison si chère. Cette maison l'emportait sans doute sur celle des consuls, soit par la beauté et la disposition des appartemens, soit par la richesse des meubles, ou par l'agrément des jardins dont elle était environnée. Les censeurs Romains étaient d'une sévérité extraordinaire ; mais aussi Lépidus avait loué cette maison un peu trop cher.

Question *ubi*.

Les enfans des Perses n'étaient pas élevés dans leurs maisons auprès de leurs mères, mais chez des maîtres et dans les écoles publiques où ils se rendaient chaque jour de grand matin, et emportaient pour toute nourriture du pain, du cresson et un gobelet pour puiser de l'eau à la rivière voisine. Ils restaient toute la journée à l'école, et le soir ils retournaient chez leurs parens. Il y avait des écoles établies dans toutes les principales villes de la Perse, comme à Pasagrade, à Adervil, à Casbinum, à Tabrisium, à Ispahan, et dans plusieurs autres. Lorsqu'ils étaient devenus grands, ils restaient jour et nuit pendant l'espace de dix ans dans une espèce de corps-degarde, qu'ils appelaient le champ libéral. Il ne leur était jamais permis de rester à la maison, ni chez aucun de leurs parens, sans une permission des magistrats.

Question *quò*.

Coriolan, condamné par sentence du peuple Romain, alla en exil chez les Volsques. Quelque temps après il entra sur le territoire romain avec une armée formidable, et vint camper à cinq mille pas de la ville. Les députés que les Romains lui envoyèrent pour lui demander la paix, ne furent pas même admis dans son camp. Les prêtres eux-mêmes revêtus de leurs habits sacrés, vinrent lui faire leurs supplications ; mais ils ne fléchirent pas plus sa colère que les députés. Alors les dames Romaines allèrent chez Véturie, mère de Coriolan, et la prièrent d'aller au camp des ennemis pour tâcher de défendre par ses prières une ville que les hommes ne pouvaient plus défendre par le secours des armes. En effet, dès que Coriolan aperçut sa mère : O patrie, s'écria-t-il, tu m'as vaincu en employant les prières de ma mère.

Question *undè.*

DION, chassé de Syracuse par l'ordre de Denys le tyran, ne sortit point de la Sicile ; il se retira à Mégare. Un jour étant sorti de chez lui pour aller rendre visite à Théodore qui était le premier magistrat de cette ville, et ayant demeuré longtemps à la porte sans obtenir audience, il dit à celui qui l'accompagnait : Supportons ceci avec patience, peut-être que nous en avons fait autant lorsque nous étions en place. Ce fut par cette tranquillité d'ame qu'il rendit la condition de son exil plus douce et plus supportable. Quelque temps auparavant il avait engagé Platon à venir d'Athènes à Syracuse ; et c'est sans doute de ce philosophe qu'il avait appris cette modération et cette tranquillité d'ame dont il jouissait.

Question *quà.*

DE tout temps on a rendu honneur aux savans. Denys le tyran ayant appris que Platon avait passé par Corinthe et Patras, où il s'était embarqué pour Syracuse, envoya au-devant de lui un vaisseau orné de guirlandes ; il alla lui-même le recevoir sur le rivage avec une voiture attelée de quatre chevaux blancs. Pompée, revenant d'Asie, passa par Rhodes. Ayant entendu parler du célèbre philosophe Possidonius qui demeurait dans cette ville, et désirant de le voir et de l'entendre il passa chez lui, le salua et lui parla fort respectueusement. Un certain Gaditanus, frappé du nom et de la réputation de Tite-Live, vint des extrémités du monde à Rome pour le voir.

RÉCAPITULATION.

L'Empereur Marc-Aurèle étudiait la philosophie chez Sextus. Un jour le philosophe Lucius, qui était nouvellement arrivé à Rome, ayant aperçu l'Empereur qui sortait de son palais, avec l'équipage d'un écolier, pour se rendre chez le philosophe Sextus, lui demanda où il allait et pour quelle affaire : Je vais chez le philosophe Sextus, répondit l'Empereur, pour apprendre ce que je ne sais pas encore. Lucius ayant levé les mains au ciel s'écria : O Jupiter! un Empereur romain, dont la tête blanchit déjà, va à l'école comme un enfant !

Quintus Métellus, chassé de Rome, se réfugia en Asie. Un jour qu'il assistait aux jeux publics à Tralles, on lui remit des lettres par lesquelles on lui marquait que son rappel dans sa patrie lui était accordé par le consentement unanime du Sénat et du peuple. Cependant il ne sortit point du théâtre que le spectacle ne fût fini. Il n'en parut point touché, et ne montra aucun signe de joie à ceux qui étaient assis à ses côtés. Il partit en exil et revint avec le même visage, tant il fut inébranlable dans la bonne et dans la mauvaise fortune.

Celui qui a du goût pour apprendre, ose tout pour se satisfaire. Les Athéniens avaient porté un décret qui condamnait à mort tous les habitans de Mégare qui seraient surpris avoir mis le pied dans Athènes. Euclides qui restait aupararavant à Athènes chez Socrate, et qui était alors à Mégare, allait de temps en temps à Athènes pour profiter des leçons de Socrate; mais il prenait une robe de femme, et s'enveloppait la tête et le visage d'un voile bigarré pour n'être pas connu. Il s'en retournait chez lui avec le même équipage, faisant tous les jours plusieurs milliers de pas : il ne faisait pas difficulté d'exposer ainsi sa vie pour acquérir de la science.

RÉGULUS fut vaincu en Afrique où il faisait la guerre ; ayant été pris par les Carthaginois il fut conduit à Carthage et mis dans les fers. Quelque temps après les Carthaginois l'envoyèrent à Rome vers le Sénat, sur le serment qu'il fit de retourner à Carthage s'il n'obtenait pas la délivrance de quelques prisonniers de distinction qui étaient alors à Rome. Il vint donc au Sénat, mais il refusa de dire son sentiment ; puis étant pressé de dire ce qu'il pensait être plus utile à la république : Sénateurs, dit-il, il n'est point avantageux au peuple Romain de renvoyer les prisonniers Carthaginois dans leur patrie, parce qu'ils sont encore jeunes, et qu'ils sont bons généraux ; pour moi qui suis déjà vieux, je retournerai à Carthage où je mourrai glorieusement.

RÉCAPITULATION GÉNÉRALE.

SÉNÈQUE, déjà avancé en âge, n'avait pas honte d'aller chez les philosophes pour apprendre ce qu'il ne savait pas encore. Voilà déjà cinq jours, dit-il, que je vais en classe, et que j'assiste à huit heures précises aux leçons du philosophe Métronacte. Quoi ! direz-vous, Sénèque se met au rang des enfans? Sans doute, et je m'estime heureux s'il n'y a que ce reproche qui puisse déshonorer ma vieillesse. J'irais au théâtre, tout vieux que je suis, et je rougirais d'aller chez un philosophe ? Quoi de plus insensé que de ne pas apprendre ce que vous ignorez; parce que vous ne vous y êtes pas pris assez tôt pour le faire ? Il est toujours temps d'apprendre ce que vous ne savez pas : vous devez vous instruire des devoirs de la vie tant que vous vivez.

J'ai compassion de la folie des hommes. Mon chemin pour aller à la maison de Métronacte m'oblige de passer derrière le théâtre ; je le vois toujours rempli d'une foule de partisans qui s'empressent à juger qui est le meilleur comédien ; tandis que dans les endroits où l'homme apprend à devenir honnête et juste, les bancs y sont vides : bien plus, ceux qui vont dans ces endroits-là passent dans le monde pour des insensés ; pour moi, je me moque de ces railleries. Il est honteux de travailler plusieurs années pour devenir géomètre et médecin, et de ne pas sacrifier un moment pour devenir homme de bien.

Quand un père de famille est mort, les enfans doivent être plus soigneux qu'auparavant à conserver entr'eux une bienveillance réciproque ; ils ne doivent pas se jeter sur l'héritage paternel comme sur un butin qu'ils enlèveraient à l'ennemi, imitant le mauvais exemple de Chariclès et d'Antiochus qui partagèrent un vase d'argent et une robe, que leur père avait laissés. Il leur importe donc de bien prendre leurs mesures pour le jour où il sera question de partager la succession ; jour qui est ordinairement ou l'origine d'un amour et d'une paix éternelle, ou l'époque d'une haine ou d'une dissension irréconciliable.

PROCULÉIUS s'est acquis une réputation immortelle chez la postérité, par sa tendresse paternelle envers ses frères. Il fut chevalier Romain, ami d'Auguste. Lorsque son père fut mort, il avait partagé également l'héritage avec ses frères Murena et Scipion : ceux-ci furent dépouillés de tous leurs biens par la guerre civile. Proculéius, pour les soulager dans leur malheur, partagea une seconde fois tous ses biens avec ses frères ; c'est ce qui a fait dire à Horace : Proculéius fut un modèle de l'amour fraternel ; il vivra après sa mort : Dieu veuille que nos descendans l'imitent !

DARIUS, roi des Perses, étant mort, il s'éleva une dispute entre Artamenès et Xerxès à qui aurait l'Empire. Ils s'en rapportèrent tous deux d'un commun accord à leur oncle Arthapherne, comme à leur juge. Arthapherne s'étant éclairci du différent chez lui, donna la couronne à Xerxès. Artamenès ne se plaignit point de ce jugement ; il ne murmura point contre son oncle ni contre son frère ; il n'eut aucune haine contr'eux. Alors les frères divisaient entr'eux les plus grands Empires avec plus de modération qu'ils ne partagent aujourd'hui les moindres patrimoines.

TROIE étant prise, les Grecs y mirent le feu. Touchés de compassion pour les Troyens, ils leur permirent d'emporter leurs effets les plus précieux. Aussitôt Enée ayant mis ses Dieux domestiques sur ses épaules, les sauva des flammes. Les Grecs, touchés de cette action, lui permirent d'emporter tout ce qu'il voudrait. Ayant déposé le premier fardeau, il retourna chez lui, prit son père sur ses épaules et le porta hors de la ville. Les Grecs étonnés restituèrent à Enée tous les biens qui lui avaient été enlevés. Tous les hommes respectent celui qui honore Dieu et ses parens.

UNE dispute s'étant élevée entre les soldats Macédoniens et les Grecs qui étaient à la solde de Philippe ; ce prince, ayant été dangereusement blessé, tomba de son cheval ; alors Alexandre, âgé de dix-sept, sauta le premier de son cheval, couvrit de son bouclier Philippe étendu par terre, et tua de sa main plusieurs soldats qui fondaient sur lui. Philippe ensuite témoignant son chagrin de ce qu'il était forcé de boiter à cause d'une blessure qu'il avait reçue à la cuisse dans cette circonstance, Alexandre lui dit : Ne vous fâchez point contre une blessure qui vous rappelle le souvenir de votre bravoure, toutes les fois que vous remuez le pied.

LA culture des terres dépend du travail, et non de la dépense. Furius Crésinus, qui cultivait son petit champ avec beaucoup de soin, en recueillait plus de fruits que ses voisins n'en recueillaient de leurs vastes campagnes : un tel succès lui attira leur jalousie ; ils l'accusèrent d'user de magie pour rendre leurs terres stériles. Il fut appelé devant le peuple Romain ; craignant sa condamnation, il apporta sur la place publique tous ses instrumens de labour, et amena avec lui ses enfans qui étaient très-robustes, bien nourris et bien vêtus ; puis se tournant vers le peuple, il dit : Voilà, Messieurs, mes sortiléges ; je ne puis pas vous amener ici mes sueurs, ni mes veilles, ni mes travaux de jour et de nuit. Il fut absous d'une commune voix.

LA frugalité ennemie des festins somptueux, est la mère de la bonne santé. Les plus grands hommes de l'antiquité ne rougissaient pas de dîner et de souper en public, parce qu'ils n'avaient sur leur table aucun mets dont ils pussent avoir honte. Dans la suite la simplicité des mœurs ayant dé-

généré peu à peu, les citoyens dînaient et sou-
paient les portes ouvertes ; mais les tables étaient
très-frugales. Peu de temps après il y eut des lois
qui fixèrent non - seulement la dépense des repas, mais encore l'espèce et la quantité des viandes.

AUGUSTE a montré par plusieurs actions dignes
de mémoire, qu'il n'était point esclave de sa colère. L'historien Timagènes avait lancé quelques
railleries piquantes contre lui, contre son épouse
et contre toute sa famille, et elles avaient porté
coup ; car une raillerie mordante est accueillie
avec complaisance, et elle passe rapidement de
bouche en bouche. Auguste l'avertit de parler
avec plus de modération ; mais voyant qu'il était
incorrigible, il lui interdit pour toute punition
l'entrée du palais.

LA colère de Théodose était facile à apaiser ;
aussi le moindre délai suffisait pour réformer ses
ordres les plus cruels. Il eut naturellement ce
qu'Auguste puisa dans les leçons du philosophe
Athénodore, qui, voyant que ce prince s'emportait aisément, et craignant les suites funestes qui
pouvaient en arriver, lui conseilla, dès qu'il com-
mencerait à se fâcher, de réciter les vingt-quatre
lettres de l'alphabet grec, afin qu'en appliquant
son esprit à d'autres objets, la vivacité de sa colère pût s'amortir dans cet intervalle de temps.

CURIUS, ayant chassé Pyrrhus de l'Italie, ne
voulut prendre des dépouilles du roi, dont la ville
et l'armée entière s'étaient enrichis, qu'un vase de
bois, dont il se servit dans la suite pour les sacrifices. Le Sénat ayant assigné à chaque citoyen cinq arpens de terrain pris sur les ennemis, et à lui cinquante, il refusa de prendre plus

qu'il n'avait été accordé à chaque particulier, regardant non-seulement comme un citoyen inutile, mais même dangereux pour la République, celui à qui sept arpens ne suffiraient pas.

La science et la vertu sont les meilleurs trésors de l'homme. Aristippe interrogé quelle différence il mettait entre un savant et un ignorant : Envoyez-les, dit-il, l'un et l'autre chez des peuples inconnus, et vous l'apprendrez. L'exemple de ce philosophe peut servir de preuve à la vérité de cette réponse. Jeté par la tempête sur le rivage de Rhodes, et y ayant aperçu des figures géométriques il s'écria : Ayons bonne espérance, mes amis, je vois des traces d'hommes. Il se rendit ensuite dans la ville de Rhodes, et étant entré dans une école il y disputa sur la philosophie, et fut comblé de présens. Il fournit à ses compagnons tout ce qui leur était nécessaire.

Un Cyrénéen, qui était très-habile à monter à cheval et à conduire un char, voulant en donner une preuve à Platon, fit plusieurs tours dans le manége, et il suivit tellement la première impression que les roues de son char avaient faite sur l'arène, qu'il ne s'en écarta pas même d'une ligne : tous les spectateurs le comblèrent de louanges. Une telle habileté parut à Platon plus digne de réprimande que d'éloge. Un homme, dit-il, qui a donné tant de temps et tant d'application à des bagatelles et à des choses inutiles, ne devrait pas avoir négligé les choses utiles et nécessaires et véritablement dignes d'admiration.

Socrate rencontra Xénophon dans un carrefour. Voyant un jeune homme d'un visage parfaitement beau et modeste, il tendit son bâton et lui défendit de passer outre. Dès que ce jeune homme se fut arrêté, Socrate lui demanda où se vendaient les choses nécessaires aux besoins de chaque citoyen. Xénophon répondit habilement à cette question. Socrate lui demanda alors où les hommes apprenaient à devenir meilleurs. Je n'en sais rien, répondit Xénophon. Suis-moi, reprit Socrate, je te l'apprendrai. Il l'emmena chez lui, et l'instruisit sur la philosophie et les arts.

JAMAIS personne ne s'est acquis de la gloire par l'injustice et la cruauté. Alexandre, non content du royaume de son père, porta ses armes dans tout l'univers : rien n'échappa à son ambition. Semblable aux bêtes sauvages qui donnent plus de coups de dents que leur faim n'en demande, il conquit plus de nations qu'il ne put en gouverner. Comme les habitans d'une ville lui offroient une partie de leurs terres et la moitié de leurs biens : Je ne suis pas venu en Asie, répondit-il, pour recevoir ce qu'il vous plairait de me donner, mais pour vous donner ce qu'il me plaira de laisser.

CHARLEMAGNE fut le premier roi de France qui posséda l'empire d'Occident ; dignité qui lui fit beaucoup d'honneur et à la nation Française. Il rechercha d'abord en mariage l'impératrice Irène, voulant par cette alliance joindre les forces de l'Orient à celles de l'empire Romain. Après avoir fait la paix avec cette princesse, il envoya des ambassadeurs pour la demander en mariage ; mais le patrice Nicéphore, regardant comme une chose indigne que l'empereur des Latins réunît les deux empires en sa personne, troubla cette négociation ; et s'étant servi de ce prétexte pour exciter du tumulte dans Constantinople, il se saisit de l'impératrice, la relégua dans l'île de Lesbos et s'empara du trône.

Quelque temps après Nicéphore envoya une ambassade à Charles, pour renouveler avec lui le traité de paix et d'alliance, dont les principales conditions furent que Nicéphore aurait l'empire d'Orient, et Charles celui d'Occident ; qu'ils se regarderaient tous deux comme frères; que toute la partie d'Italie qui s'étend d'un côté depuis Naples, et de l'autre depuis Siponte jusqu'à la mer, avec toutes les îles adjacentes, serait de la dépendance de l'empereur Grec, et que tout le reste appartiendrait à l'empereur Romain. On ajouta aux conditions du traité, que Venise serait indépendante des deux empires, et qu'elle demeurerait état libre.

Venise, dont les fondemens avaient été jetés depuis près de trois cent cinquante ans dans les marais du golfe Adriatique, s'était accrue insensiblement et par le nombre des habitans et par ses grandes richesses. Mais il arriva cette même année quelques troubles dans Venise, à l'occasion desquels le duc Jean fut chassé : ces divisions attirèrent les armes des Français dans la république. L'empereur Nicéphore ayant pris en main la cause du doge Jean, l'assista de ses forces pour le rétablir. D'un autre côté, Pepin, roi d'Italie, fut envoyé par Charles son père au secours du tribun et des Vénitiens ; mais voyant qu'on avait chassé le tribun de Venise, parce qu'il était dans les intérêts de la France, il tourna ses armes contre les Vénitiens mêmes.

Pepin ayant donc attaqué Venise par terre et par mer, s'empara de Malamocco, qui était alors la résidence des ducs. Après quoi, il fit une tentative malheureuse sur Rialte où les habitans s'étaient retirés avec leur doge. Ayant perdu dans cette entreprise plusieurs milliers d'hommes, tant par le désavantage des lieux , que faute d'avoir la connaissance des vases et des profondeurs, il s'en retourna avec honte à Ravenne. Peu de temps après Pepin ayant réduit à la raison Romuald, duc de Bénevent, finit ses jours âgé de trente-trois ans, la vingt-neuvième année de son règne, et laissa pour successeur Bernard, son fils bâtard, jeune prince âgé tout au plus de douze ou treize ans.

CHARLES, qui n'était pas moins touché de la gloire des lettres que de celle des armes, fonda l'université de Paris, établit aussi celle de Pavie, releva celle de Boulogne, qui était comme tombée en ruine par sa grande antiquité, rétablit la ville de Florence, et créa les douze Pairs de France. Mais un nouvel échec flétrit un peu la gloire de ce prince, qui était comme en son point de maturité. Alphonse II, roi de Galice, surnommé le Chaste, titre qui lui était justement dû, implora l'assistance de Charles, qui, ayant fait passer ses troupes en Espagne, sortit victorieux d'une bataille qu'il donna au roi des Maures, qui venait tout nouvellement de faire une invasion dans le royaume d'Alphonse.

COMME Charles ramenait son armée victorieuse, les Gascons qui l'attendaient au passage des Pyrénées le firent tomber dans une embuscade, où ils taillèrent en pièces la meilleure partie de ses troupes. Ce défilé s'appelle Roncevaux, et jamais lieu ne fut plus célèbre par la défaite des Français. Le fameux Roland, neveu de Charlemagne, et plusieurs autres seigneurs Français, y furent tués par le fer de ces brigands. Turpin, archevêque de Rheims, dont les écrits ont plus l'air de la fable que d'une véritable histoire, mourut quelques années après cette malheureuse expédition : il avait l'honneur d'accompagner Charlemagne dans ses voyages.

~~~~~~

L'Empereur, voyant ses forces diminuer de jour en jour, s'appliqua extrêmement à l'étude de l'écriture et des pères. Il mourut la quatorzième année de son empire et la quarante-huitième de son règne en France, âgé de soixante et douze ans : prince aussi grand dans la paix que dans la guerre, juste, religieux, savant et comparable au grand Constantin. Son testament eut quelque chose de plus remarquable que celui de cet autre empereur ; il légua tous ses trésors aux pauvres et aux églises. Il nomma Louis, son fils, pour être son successeur à l'empire, et déclara Bernard, son petit-fils et fils naturel de Pepin, roi d'Italie.

~~~~~~

Son règne ne fut pas moins fertile en grands hommes. Les colléges que Charlemagne avait fondés furent comme autant de pépinières d'hommes savans. La vie obscure et honteuse que menaient les empereurs Grecs, donna un grand lustre à la gloire de notre empereur. Nicéphore, qui régnait en Orient, était un prince décrié par sa perfidie, par ses désordres et son insatiable avarice ; car, après avoir eu recours à mille ruses et à mille artifices pour s'emparer des biens de ses sujets, il cherchait tous les jours de nouveaux moyens pour assouvir l'infame passion qu'il avait d'amasser de l'argent : il dépouillait tous ceux qui d'une basse fortune s'étaient élevés à de grandes richesses, leur supposant d'avoir trouvé des trésors.

~~~~~~

Pendant que Nicéphore ruinait ainsi les habitans de sa capitale par d'indignes artifices, les Sarrasins faisaient du dégât dans le reste de l'Asie, et les Bulgares de leur côté ravageaient toute
~~~~~~

la Thrace. Ce prince, ayant donc acheté la paix
des Sarrasins, mena ses troupes contre les Bulgares, les battit et pilla leur camp ; mais une
sécurité aveugle lui fit perdre le fruit de sa victoire, car se laissant trop emporter par ce succès il ne voulut entendre parler d'aucun accom-
modement. Le général des Bulgares, prenant de
nouvelles forces de son désespoir, vint de nuit
charger brusquement le camp des Grecs, en fit
un grand carnage, et massacra l'empereur lui-
même. Telle fut la fin de Nicéphore après un
règne de neuf ans. Sa tête fut portée au bout
d'une pique, et servit long-temps de spectacle et
de risée aux Barbares. Grande et importante le-
çon pour ceux que la victoire rend fiers et insolens !

PAR la mort de Nicéphore le trône passa
à son fils, qui avait été couronné dès le vivant
de son père ; mais il ne régna que quelques
mois. Michel régna après lui : il était d'une humeur et d'un caractère bien différens de Nicéphore. Dès qu'il fut sur le trône, ses premiers
soins furent de rétablir dans leurs biens ceux
que Nicéphore en avait dépouillés. Ce prince fut
plus grand dans la paix que dans la guerre ;
car il perdit son armée dans l'expédition qu'il
fit contre les Bulgares, par la perfidie de Léon
l'Arménien, général de ses troupes, qui s'étant
rendu extrêmement puissant, se fit proclamer
empereur par ses légions. Michel, qui n'était pas
fort touché du plaisir de régner, envoya lui-même
à Léon les marques de sa dignité impériale, et
passa le reste de ses jours dans la solitude avec
sa femme et ses enfans.

LÉON l'Arménien, homme d'une naissance obscure, commença alors à régner. Il donna bataille aux Bulgares, fit reprendre cœur à ses trou-

pes qui commençaient à plier, et les anima autant par son exemple que par ses paroles. Cette
victoire remportée sur ces barbares lui mérita
les honneurs du triomphe. Si ce prince se signala
par ses exploits militaires, il ne fut pas moins
grand par ses vertus civiles et politiques. Dans la
distribution des charges il n'avait aucun égard
à la faveur ou à l'argent, et il ne choisissait que
des personnes de probité et de mérite pour les
remplir. En un mot, rien n'aurait manqué à la
gloire de ce prince, s'il ne s'était malheureuse-
ment engagé dans des erreurs qui lui attirèrent la
haine des hommes.

LOUIS, fils et successeur de Charlemagne,
frappé des périls auxquels l'homme est continuel-
lement exposé, abdiqua la couronne et partagea
le royaume de France à ses enfans. Le bruit de
ce partage et la disposition favorable où étaient les
seigneurs Français, inspirèrent à Bernard, roi d'Italie, le dessein ambitieux de se placer par la force
des armes sur le trône de France ; mais il sou-
tint cette guerre impie avec aussi peu de valeur
que de prudence. Effrayé par les forces prodi-
gieuses que Louis avait mises sur pied, il vint
se jeter entre les mains de son oncle avant le
combat. Ayant été livré à la justice, il fut condamné
à mort ; mais l'empereur se contenta de lui faire
crever les yeux, de le priver de ses états, et de
le réduire au sort d'un simple particulier.

LA haine dont le roi d'Aquitaine était animé contre Judith, femme de son père, éclata par un at-
tentat détestable. Ayant fait entrer ses frères dans
son complot, il se saisit, par trahison, de la personne
sacrée de l'empereur son père, et le força d'ab-

diquer l'empire ; mais les seigneurs Allemands s'étant ligués en faveur de Louis, le tirèrent des mains de ses enfans et le rétablirent sur le trône. On voit peu d'exemples d'une clémence pareille à celle de ce bon père envers des enfans si dénaturés. Pepin et Lothaire reconnurent leur faute et lui en demandèrent pardon. L'empereur touché de leur soumission leur pardonna.

LE comte de Bigorre, fameux par ses exploits guerriers qui lui méritèrent le nom de Hardi, vint fondre du sommet des Pyrénées dans les plaines de la Navarre, et remporta plusieurs grands avantages sur les Sarrasins. Une gloire stérile ne fut point le seul prix de ses belles actions : il fut le premier qu'on éleva sur le trône de Navarre. Il eut pour successeur à la couronne Garcias, aussi illustre par sa propre vertu que par la gloire de son père.

ON attribue à ce prince l'invention des bottes de cuir. Il fut si content de cette chaussure qu'il n'en porta jamais d'autre. L'exemple du roi, qui est ordinairement le ressort de tous les mouvemens du peuple, engagea les soldats à prendre aussi cette sorte de chaussure, dont la commodité jointe d'ailleurs à une bravoure extraordinaire fit qu'ils franchirent des lieux tout couverts de neiges et de glace dans les plus grandes rigueurs de l'hiver, et forcèrent les Barbares à lever le siége de Pampelune.

LE roi de Léon, animé par l'apôtre saint Jacques qui lui avait apparu dans un songe, remporta une victoire signalée sur les Sarrasins. On vit dans cette bataille ce saint apôtre monté sur un cheval blanc, avec un étendard sur lequel était une croix rouge, se mêler dans les rangs, et combattre

battre pour les Espagnols. Un auteur Espagnol rapporte à cette vision miraculeuse l'institution de l'ordre militaire de saint Jacques.

L'Empereur Lothaire associa à l'empire Louis son fils, qui avait été proclamé roi d'Italie. Le règne de Lothaire fut remarquable par les pertes que souffrirent les Chrétiens. Les Sarrasins, après avoir ravagé les côtes d'Italie, firent du dégât dans la Pouille, pillèrent la Marche d'Ancône et s'emparèrent de Bari. Ce fut de là qu'ils fondirent dans la Pouille, la Calabre et la terre de Labour qu'ils ruinèrent par leurs courses, et où ils se rendirent maîtres de plusieurs villes. L'Arménie souffrit une pareille inondation de Barbares. Théophile, empereur Grec, mourut la douzième année de son règne, pénétré d'une douleur extrême de voir sa patrie en proie aux Sarrasins.

Théophile eut pour successeur Michel III, son fils, qui était encore en bas-âge, et qui commença à régner sous la tutelle de sa mère. L'impératrice, qui était d'un caractère tout opposé à celui de son mari, ayant appris que le roi des Bulgares faisait de grands préparatifs de guerre contr'elle, lui envoya dire qu'elle irait le trouver elle-même à la tête de ses troupes ; qu'il n'avait qu'à prendre là-dessus son parti ; qu'il ne lui serait pas fort glorieux de vaincre une femme, et qu'il lui serait au contraire fort honteux d'en être vaincu. Cette parole, pleine de hardiesse et de courage, donna à penser à ce roi barbare, et lui fit abandonner son premier dessein.

Les Sarrasins, devenant de jour en jour plus fiers de leurs succès, firent une descente dans la Campagne de Rome, qu'ils désolèrent entièrement. Ils pillèrent les églises de saint Pierre et de

C

saint Paul, qui étaient dans les faubourgs de Rome ; commirent toutes sortes d'hostilités, et ruinèrent Tarente. Outre tous ces malheurs, la flotte Vénitienne et celle des Grecs s'étant mises en mer pour réprimer les courses de ces Barbares, reçurent un rude échec, qui fut plutôt un effet de la colère du ciel que de la puissance et de la force des Sarrasins ; car Dieu fit aussi sentir les coups de sa vengeance à ceux qu'il en avait fait les ministres. Comme ils s'en retournaient chargés de butin, il s'éleva une tempête si furieuse, qu'ils furent engloutis dans la mer avec toutes les richesses qu'ils emportaient.

LOTHAIRE, après avoir tenu les rênes du gouvernement durant quinze années, depuis la mort de son père Louis, étant dégoûté des grandeurs humaines, se démit de l'empire et alla s'enfermer dans un monastère pour vaquer entièrement aux affaires de son salut : plus grand par l'abdication volontaire qu'il fit de la couronne que par l'éclat du diadème. Il mourut quelques mois après dans la retraite l'an huit cent cinquante-cinq, après avoir partagé l'empire à ses enfans.

L'ITALIE ne fut pas seule désolée par les Sarrasins; l'empire d'Orient fut aussi extrêmement maltraité par ces Barbares. Michel, qu'on peut appeler le Sardanapale et le Néron de son siècle, ayant éloigné du gouvernement sa mère et ses tuteurs par les conseils de son oncle, qui était capitaine du palais et frère de l'impératrice, se livra entièrement aux plaisirs et à la débauche. Les dégâts que les Sarrasins commettaient aux environs de sa capitale, le tirèrent enfin de la léthargie où il était, et le péril qui le menaçait de si près l'obligea de se mettre en campagne pour arrêter les courses de l'ennemi.

C E prince, amolli par la volupté et plus propre à inventer de nouveaux plaisirs qu'à manier
les armes, ne fit pas grande résistance, et laissa
son camp au pouvoir des ennemis. Ayant été
depuis convaincu de la trahison de son oncle par des
preuves certaines, il donna ordre au capitaine de
ses gardes d'assassiner ce traître. Un jour, dans
l'emportement d'un repas où il s'était enivré, il
déclara ce même capitaine son collègue à l'empire; mais celui-ci, outré que Michel dans un
autre festin eût associé un matelot à cette même
dignité, massacra cet indigne empereur au milieu
du repas, et se rendit seul maître de l'empire.

FIN DE LA PREMIÈRE PARTIE (*).

____

(*) Cette première partie répond à la seconde partie du
Rudiment, en commençant par *Amo Deum*; et la seconde
répond à la troisième.

SECONDE PARTIE.

MANIÉRES DE RENDRE EN LATIN les Gallicismes les plus fréquens.

Que *retranché.*

ANTALIDAS, général Lacédémonien, disait que les jeunes gens étaient les murs de Sparte ; que les lances et les javelots étaient les bornes de la République, et qu'une ville qui nourrissait des jeunes gens belliqueux n'avait pas besoin de murailles : il croyait que les Lacédémoniens pouvaient étendre leur domination par-tout où ils pourraient porter leurs armes.

NOUS lisons dans l'histoire, que Stilpon, philosophe de Mégare, fut un homme d'un grand génie et généralement approuvé de son temps. Les amis de ce philosophe ont écrit qu'il était naturellement adonné au vin et aux femmes ; mais qu'il avait réprimé son caractère vicieux, et qu'il était devenu le plus sobre et le plus chaste de son temps. Ils disent que personne ne le vit jamais ivre, et ne reconnut en lui aucune marque de libertinage.

ZOPYRE, qui se vantait de connoître le caractère et les inclinations des hommes par les traits du visage, dit dans une nombreuse assemblée que Socrate était un stupide et un hébété. L'histoire nous apprend qu'Alcibiade qui y était présent éclata de rire. Nous savons que Socrate avait eu ces vices, mais que par la raison il s'en était corrigé. Les vices peuvent tirer leur origine des causes naturelles; mais nous pouvons les extirper, et nous en corriger entièrement.

DIOGÈNE de Sinope se moquait de l'ignorance des Mégariens qui négligeaient d'instruire leurs enfans dans les beaux-arts, et qui avaient un soin particulier de leurs troupeaux. Il disait souvent qu'il aimerait mieux être le bélier d'un habitant de Mégare que son fils. C'était dans le même sens, mais pour un sujet différent, qu'Auguste, empereur Romain, disait qu'il aimerait mieux être le cochon d'Hérode, roi des Juifs, que son fils, parce que ce prince s'abstenait de la viande de porc; mais il ne s'abstenait pas de tremper ses mains dans le sang de ses enfans.

LES Romains avaient un souverain mépris pour tous ceux qui abandonnaient les drapeaux militaires. Valère-Maxime dit qu'un père aurait vu avec plus de satisfaction son fils étendu sur le champ de bataille, que de le voir survivre à une fuite honteuse. Marcus Scaurus disait à son fils qui avait pris la fuite dans un combat, qu'il serait allé plus volontiers au-devant de ses os, que de le voir revenir complice d'une fuite aussi honteuse.

BOCCHUS, roi des Maures, parla ainsi à Sylla : Je ne me serais jamais imaginé que le plus grand roi de cette terre dût avoir quelque obligation à un particulier. Je n'aurais jamais cru que les Maures dussent redouter les Romains, et que Bocchus dût flatter et favoriser un particulier de Rome. Avant votre arrivée, Sylla, je faisais du bien aux uns par sollicitation, et aux autres de mon plein gré, sans avoir besoin de personne, ni sans que je pensasse en avoir jamais besoin. Je suis charmé que mon état soit changé. Vous pouvez me mettre à l'épreuve : soyez persuadé que vous ne me demanderez rien que vous n'obteniez.

RÉCAPITULATION.

SATURNIN, tribun du peuple, avait porté une loi, par laquelle le Sénat était obligé de jurer en pleine assemblée qu'il approuverait toutes les ordonnances du peuple, et qu'il ne s'y opposerait en aucune manière. Métellus, qui regardait cette loi comme injurieuse à la majesté du Sénat, et préjudiciable à la République, dit publiquement que jamais il ne donnerait son serment. Le Sénat, frappé de la noble résistance d'un si grand homme, sortit du barreau. Peu de jours après, Saturnin pressant les Sénateurs assemblés dans le même lieu de prêter leur serment, Marius, consul pour la sixième fois, intimidé par les menaces du peuple, se rendit le premier, et les autres suivirent son exemple, excepté Métellus qui était disposé à tout souffrir plutôt que de faire quelque chose de honteux.

Conseiller de.... *ou* que; avoir soin de... *ou* que....

SOCRATE conseillait à ses disciples de faire usage du miroir, et il avait coutume de leur dire : Celui d'entre vous qui se trouvera beau en consultant le miroir, doit avoir soin de ne pas ternir sa beauté par ses mauvaises mœurs ; celui au contraire qui se trouvera laid, doit faire en sorte d'effacer la laideur de son visage par l'éclat de ses vertus. Ce philosophe était persuadé que la vertu était le meilleur de tous les trésors, et il avait soin que ses disciples la pratiquassent.

~~~~~~~~~~

CNÉIUS Scipion écrivit au Sénat de lui envoyer un successeur, parce qu'il avait une fille qui était sur le point d'être mariée, et qu'étant lui-même absent elle ne pouvait être dotée. Le Sénat, pour ne pas priver la République d'un si bon général, prit la place du père, et eut soin de doter la fille et de la marier. Il importe à la République d'avoir un trésor qui puisse subvenir à ses besoins ; mais il lui importe plus d'avoir de bons généraux : d'ailleurs il est juste qu'elle serve de père aux enfans de ceux qui se sont dévoués à son service.

~~~~~~~~~~

TIBÉRIUS Gracchus ayant surpris dans son lit deux serpens de différent sexe, consulta les devins assemblés. Ils répondirent qu'il ne fallait pas les tuer tous deux, ni les lâcher tous deux, mais qu'il fallait en tuer un et lâcher l'autre ; que s'il lâchait le mâle, une prompte mort menaçait sa femme ; si au contraire il lâchait la femelle, ce serait lui qui mourrait. Il jugea qu'il était plus juste qu'il mourût lui-même, étant déjà avancé en âge, que sa femme qui était encore jeune, et qui pouvait encore donner des citoyens à la patrie. Ainsi il lâcha le serpent femelle, et il mourut quelques jours après.

~~~~~~~~~~

Il n'importe pas que.... *ou* de....

UN tyran menaçait un philosophe de le faire mourir et de le priver de sépulture : Tu es bien insensé, lui répliqua celui-ci, si tu crois que je me soucie beaucoup de pourrir sur la terre ou dessous. Que m'importe que tu enterres mon corps ou non ?
~~~~~~~~~~

Que m'importe d'être rongé par les vers, ou dévoré par les oiseaux? Je me mets peu en peine que tu m'enterres ou que tu me jettes à la voirie; pourvu que j'aie bien vécu, mon corps sera bien par-tout où il se trouvera.

SOYEZ sobre. Je ne vous commande pas de refuser à la nature son nécessaire; mais je vous conseille de ne faire aucun excès. Avez-vous faim? mangez. Qu'importe à la nature que ce soit du pain grossier, ou de la plus pure farine? Avez-vous soif? buvez. Qu'importe à la nature que ce soit de l'eau de lac ou de fontaine, pourvu que vous étanchiez votre soif, et que vous apaisiez votre faim : voilà tout ce qu'elle demande. Il lui est fort indifférent que vous vous serviez d'une tasse d'or ou du creux de votre main. En toutes choses envisagez la fin, et laissez le superflu.

RÉCAPITULATION.

UN des sept Sages de la Grèce voyageait un jour sur mer avec plusieurs impies. Une tempête s'étant élevée, le vaisseau fut tellement agité par les flots, que les impies effrayés du péril commencèrent à invoquer les Dieux. Taisez-vous, leur dit-il, de peur que les Dieux n'entendent que vous êtes dans ce vaisseau. Un d'entr'eux lui ayant demandé pourquoi il ne priait pas les Dieux de les délivrer du danger : C'est, répondit-il, parce que je crains que mes prières ne soient point exaucées, me trouvant dans votre société.

Craindre de... *ou* que ne....

L e s Lacédémoniens avaient soin de bien élever leurs enfans ; ils craignaient toujours que l'oisiveté, et la lecture des mauvais livres ne leur nuisissent. Ils firent transporter hors de leur ville les œuvres du poëte Archilochus, parce qu'ils en regardaient la lecture comme opposée à la vertu et à la pudeur ; ils ne voulurent pas que leurs enfans en fussent imbus, craignant qu'elle ne fît plus de tort à leurs mœurs, que de progrès dans leurs esprits.

Canius Julius, qui était un des hommes les plus illustres de son temps, ne craignait pas de dire la vérité aux princes. Un jour ayant eu dispute avec Caligula, ce cruel empereur lui dit en sortant : De peur que tu ne te flattes d'une vaine espérance, j'ai donné ordre de te conduire au supplice. Je m'y attendais bien, reprit Canius, et je crains bien que d'autres ne me suivent. Ensuite il joua aux échecs, jusqu'à ce que le centurion l'appelât pour le conduire sur l'échafaud. Lorsqu'il eut été appelé, il compta les pions, et dit à celui avec qui il jouait : Prenez garde de mentir après ma mort, en vous vantant de m'avoir gagné cette partie.

Prendre garde de *ou* que....; n'avoir garde de....

Prenez garde de ne jamais censurer la conduite des autres ; et si quelqu'un censure la vôtre, ayez soin de vous corriger au plutôt des défauts qu'on vous reproche. Si le reproche est faux, cherchez à découvrir ce qui a donné lieu à la censure, et prenez garde, dans la suite, de ne pas commettre quelque chose de semblable à ce qu'on vous a reproché. Vos ennemis trouveront chez vous plusieurs défauts dont vous ne vous serez jamais aperçu. N'ayez garde de les blâmer, profitez de leurs observations pour devenir meilleur.

C 5

PRENEZ garde de ne pas vous accoutumer au vice ; gardez-vous bien de suivre les mauvais exemples de vos condisciples. Il est facile de plier votre esprit qui est encore tendre ; mais vous aurez de la peine à déraciner des vices qui auront crû avec vous. Obéissez à vos parens et à vos maîtres, et prenez garde de ne rien faire par passion, par méchanceté, ou par emportement. Faites tout par devoir et par amour.

Mériter, être digne de *ou* que....

SOCRATE, qui avait mérité d'être mis au nombre des sept Sages de la Grèce, fut condamné à mort par les Athéniens. Il plaida sa cause de telle sorte qu'il répondit à ses juges, qui lui laissaient le choix de la peine qu'il croyait avoir méritée, qu'il méritait d'être nourri le reste de ses jours dans le Prytanée aux frais de la République. Cette réponse révolta tellement tous les juges, qu'ils le condamnèrent à boire la ciguë. Il ne méritait pas d'être traité de telle sorte.

QUOIQUE la comédie et la tragédie aient en France le suffrage universel du peuple, on n'y estime pas toute espèce de comédiens. Il y en a qui paraissent seuls dignes de monter sur le théâtre, et d'autres qui mériteraient de n'y jamais paraître. Toutes les pièces ne sont pas accueillies avec le même enthousiasme et les mêmes applaudissemens. Il y en a plusieurs qui mériteraient d'être toujours jouées, d'autres en sont indignes, et le plus grand nombre mériterait les flammes.

Empêcher, défendre de... *ou* que ne...

Lycurgue, pour empêcher qu'aucun des Lacédémoniens ne se livrât à l'intempérance, leur défendit de manger chez eux. Il ordonna que tous les citoyens mangeassent ensemble, et qu'ils n'eussent qu'une même table. Il était défendu de se présenter aux repas publics après avoir pris de la nourriture chez soi. Les tables étaient tout au plus de quinze personnes. Lycurgue avait défendu que personne ne s'en absentât sans des raisons graves et importantes. Je ne puis m'empêcher d'admirer la sagesse de ce législateur ; il semble qu'il ne tenait qu'à lui de rendre ce peuple heureux : cependant je ne saurais me défendre de blâmer certaines de ses lois.

Tibère défendit aux Sénateurs d'entrer chez les comédiens, et aux Chevaliers de les accompagner en public, et de les voir autre part que sur le théâtre. Quelque temps après il défendit aux comédiens de paraître sur le théâtre ; voyant qu'il ne pouvait les empêcher de représenter leurs pièces en secret, il les chassa de Rome et leur défendit de ne plus y rentrer, parce que ces satyriques ne pouvaient s'empêcher de répandre quelque invective contre le prince. Il n'aurait tenu qu'à lui de les punir, mais il aima mieux les chasser.

Se réjouir, se repentir, être fâché de *ou* que.

Nous devons rendre grâces à Dieu de nous avoir créés, de nous avoir conservés jusqu'à ce jour. Nous devons le remercier de nous avoir donné des parens et des maîtres sages et éclairés, pour nous guider dans l'étude des sciences et dans le chemin de la vertu. Nous devrions avoir honte d'avoir été aussi ingrats, et d'avoir refusé si long-temps le tribut d'hommage que nous devons à l'auteur de nos jours. Nous nous repentirons un jour, mais peut-être trop tard, d'avoir été aussi indifférens envers un bienfaiteur aussi libéral.

<center>~~~~~~~~</center>

Attendre que...; être cause que....

LES Romains ne s'attendaient pas qu'Annibal viendrait les attaquer jusque sur leurs terres; aussi ils attendirent qu'il fût arrivé en Italie pour lui opposer une armée : cette sécurité fut cause qu'ils furent vaincus. Ils attendirent même qu'il en eût taillé deux en pièces, pour en lever une troisième qui fut pareillement défaite. Ils ne s'étaient pas attendus à essuyer tant de pertes. Annibal attendait que les Romains viendraient lui demander la paix; mais ces fiers républicains se roidissant contre tant de revers levèrent une quatrième armée, qui éprouva le même sort que les précédentes; ce qui fut cause qu'ils armèrent tout le monde jusqu'aux esclaves.

<center>~~~~~~~~</center>

Douter que...; qui doute....?

JE doute que tout ce que les historiens disent des Egyptiens soit vrai. Je ne doute pas que ce peuple n'ait été très-superstitieux; mais je ne me serais jamais douté qu'il eût été assez aveugle pour adorer un chien, un chat, une grenouille, un crocodile, un singe, et même des légumes. Je n'ai jamais douté que l'origine de ce peuple ne fût très-ancienne; mais je doute qu'elle précède celle des Chinois. Qui doute que l'Egypte n'ait été le berceau des arts et des sciences? personne. Nous savons que c'est de l'Egypte que les Grecs ont tiré les vastes connaissances qui les ont rendus si célèbres.

Vous ne savez pas qui je suis, *en latin* qui je sois.

Lorsqu'Alexandre fut parvenu aux frontières des Scythes, leurs députés vinrent le trouver et lui dirent : Nous n'avons jamais mis le pied dans ton pays ; dis-nous donc pourquoi tu nous attaques ? Qu'avons-nous à démêler avec toi ? Est-ce qu'il ne nous est pas permis, à nous qui vivons dans les forêts, d'ignorer qui tu es, d'où tu viens et où tu vas ? Si tu savais qui nous sommes, quelles sont nos richesses, et quelle est notre vie, tu nous laisserais tranquilles. Passe seulement le Tanaïs, et tu verras combien nos campagnes sont vastes, et combien nous sommes agiles à la course. Qui croira que tu as attaqué les habitans des forêts ? Qui n'admirerait ta folie ?

<center>~~~~~~~</center>

Je ne sais ce que vous faites, etc.

La fortune t'aveugle ; tu ne sais ce que tu fais lorsque tu attaques à force ouverte des hommes qui trouvent par-tout leur patrie et leurs foyers. Je ne sais si tu vaincras ou si tu seras vaincu ; mais je doute que tu obtiennes tous les succès que tu espères ; je doute même que tu puisses nous atteindre : notre pauvreté est plus légère que ton armée. Tu voulais voir sans doute si les Scythes viendraient implorer ta clémence, et te demander la paix : ils sont nés libres, et ils veulent mourir de même. Je ne sais si tu ne te repentiras pas de les avoir attaqués ; mais je doute que tu les soumettes jamais. Au reste, vois lequel tu préfères de les avoir pour amis ou pour ennemis.

JE ne sais si les Anglais auront beaucoup gagné à à nous faire la guerre, et à soulever contre nous tous les peuples de l'Europe. Je ne sais s'ils auront retiré beaucoup de profit des expéditions qu'ils ont faites en Espagne : je ne doute pas qu'ils n'aient retiré leurs frais, mais je doute qu'ils en aient retiré beaucoup de gloire. Personne ne doute que les Espagnols ne se soient déja repentis de leur avoir livré leurs ports, et de s'être associés avec eux. Je ne doute pas non plus que ces fiers insulaires ne se repentent un jour d'avoir fait tant de dépenses pour s'attirer la haine et le mépris de l'univers.

Changement du passif en actif, *et vice versâ.*

TOUS les hommes ne sont pas également favorisés de la fortune. Nous savons qu'Alexandre vainquit Darius, et qu'il le dépouilla de tous ses états. Ce conquérant était admiré et redouté de tous les peuples de l'Asie, qui le regardaient comme le fils du grand Jupiter. Il avait jeté la terreur et l'épouvante jusque dans les Indes. Lorsqu'il se disposait à y entrer, plusieurs petits rois vinrent se rendre à lui. Il croyait que cet exemple serait suivi des autres ; mais il se trompa. Porus vint le recevoir sur les frontières de son royaume les armes à la main. La valeur et la constance de ce prince furent admirées d'Alexandre.

RÉCAPITULATION.

TOUT le monde convient que celui qui veut enseigner aux autres ce qu'il ne sait pas lui-même, est un insensé. Annibal craignant d'être livré aux Romains, sortit de Carthage et vint se réfugier à Ephèse auprès du roi Antiochus. Il fut invité par ses hôtes à entendre Phormion, philosophe péripatéticien. Ayant accepté cette offre, il se

rendit avec eux chez ce philosophe , qui parla
fort au long des devoirs d'un bon général et de
tout ce qui regarde l'art militaire ; il ne se dou-
tait pas que le meilleur des généraux de ce temps-
là l'écoutait : il aurait été plus réservé. Ceux qui
avaient accompagné Annibal , enchantés du discours de notre philosophe , lui demandèrent ce
qu'il en pensait : J'ai bien vu , répondit-il , des
vieillards qui radotaient ; mais je n'en ai vu aucun
qui radotât plus que Phormion : il ne sait ce qu'il
dit ; je doute qu'il sache ce que c'est que la guerre ;
il ne mérite pas qu'on l'écoute. Il devrait s'instruire lui-même , avant d'instruire les autres. Je
lui conseille de faire un voyage à Anticyre, il
y trouvera de très-bons ellébores pour guérir son
cerveau.

On , l'on.

ON a tellement confiance en ceux qui passent
pour justes , qu'on croirait commettre un crime
si on les soupçonnait de fraude ou d'injustice. On
se trompe cependant quelquefois ; car on en a vu
plusieurs qui passaient pour justes , et qui ne
l'étaient point en effet. On a toujours regardé le
Sénat de Rome comme un corps très-équitable ,
mais on ne le reconnaît plus à la manière dont
il se comporte envers les Carthaginois. On ne
trouve plus dans cette assemblée cette grandeur
d'ame et cette droiture qui leur attiraient l'admiration de tous les peuples du monde : on dirait
que ce sont des Carthaginois , et non des Romains
qui agissent de la sorte.

DE tout temps on a aimé la justice ; de tout
temps on a respecté les hommes justes. On rapporte que les Ethiopiens, quoique barbares, pra-
tiquaient la justice avec une grande exactitude.

On assure qu'il n'y avait point de portes à leurs maisons ; on ajoute même que , quoiqu'ils laissassent une grande partie de leurs effets dans les rues , jamais personne ne dérobait la moindre chose. On dit que les Celtes ne fermaient jamais l'entrée de leurs maisons , et que néanmoins jamais rien ne leur manquait. On n'a jamais eu honte d'avoir pratiqué la justice , tandis qu'on s'est souvent repenti d'avoir préféré ses intérêts particuliers à l'équité. Quand on est parmi des hommes justes , on jouit d'une parfaite sécurité ; mais lorsqu'on se trouve parmi des hommes qui ne font aucun cas de cette vertu , on a toujours sujet de craindre.

O n dit que les Lacédémoniens préféraient la justice à toute autre chose , parce qu'ils étaient persuadés que leur bonheur et leur sécurité en dépendaient. Comme l'on demandait à Léon, leur roi, dans quelle ville on vivait en plus grande sûreté : Dans celle, répondit-il, où l'on pratique la justice , et où l'on hait l'injustice. On rapporte qu'Agésilaüs préférait la justice à toutes les autres vertus. Un jour, comme on parlait en sa présence du grand roi des Perses : Est-ce qu'il est plus grand , dit-il, qu'Agésilaüs , à moins qu'il ne soit plus juste ? Ce prince pensait sagement. On convient que la justice doit être la règle à laquelle les princes mesurent leur grandeur.

O n rapporte que les Egyptiens étaient grands observateurs de la justice. On dit que leur tribunal suprême ne le cédait point à l'Aréopage d'Athènes , ni au sénat de Lacédémone. On trouvait par-tout des signes qui rappelaient les hommes à ce devoir. On voyait à Thèbes en Egypte des statues de juges sans mains, avec un président au milieu d'eux qui avait les yeux fixés à terre. On voulait faire entendre par-là que ceux qui rendent la justice, ne doivent se laisser toucher ni par des présens, ni par aucun motif de compassion. Le devoir d'un juge est de ne jamais s'écarter du vrai.

〰〰〰〰

Le trésor public chez les anciens était un magasin de libéralités ; c'est là qu'on prenait les fonds nécessaires pour bâtir les édifices destinés aux usages publics, et pour donner au peuple des spectacles divertissans. C'est de là qu'on tirait des secours contre la disette générale, aussi-bien que la subsistance des pauvres en particulier. C'est là qu'on puisait la dot pour marier les filles pauvres ; c'est de ce même trésor qu'on tirait de quoi donner l'hospitalité aux étrangers, et on les traitait avec beaucoup d'honnêteté tant à la ville qu'à la campagne.

〰〰〰〰

Il, le, la, lui, leur, leurs, *et* son, sa, ses, etc.

Après la bataille de Cannes huit mille Romains furent faits prisonniers par les Carthaginois. Annibal leur donna la permission de se racheter. Ils en choisirent dix d'entr'eux pour aller à Rome consulter le Sénat. Ce Carthaginois n'exigea d'autre gage de leur foi, que de lui promettre qu'ils retourneraient au camp s'ils n'obtenaient la liberté d'être rachetés. Peu de temps après qu'ils furent sortis du camp, un d'entr'eux y retourna sous prétexte de chercher quelque chose qu'il avoit oublié, et alla rejoindre ses camarades avant la nuit. Il croyait s'être délivré de son serment par ce stratagême ; mais il se trompait : il en était quitte à la lettre, mais non en effet.

DIOGÈNE se plut à subsister dans un tonneau, et y passa sa vie. Il se dépouilla de toutes ses richesses, et fit en sorte qu'on ne pût rien lui enlever. Manès, le seul esclave qu'il s'était réservé, ayant pris la fuite, il ne voulut pas le ramener chez lui, quoiqu'on le lui montrât : Il est honteux, disait-il, que mon esclave puisse vivre sans moi, et que je ne puisse pas vivre sans mon esclave. Ayant aperçu un enfant qui buvait dans le creux de sa main, il tira aussitôt de sa besace le seul vase qui lui restait et le rompit, en se faisant à lui-même ce reproche : Jusqu'à quand, insensé, possèderas-tu des meubles inutiles ?

PUBLIUS CORNÉLIUS SCIPION se conduisit avec tant d'humanité à l'égard des Espagnols, qu'ils voulurent le proclamer roi d'un consentement unanime. Alors Scipion ayant fait faire silence par un héraut, dit : Que le nom de général que ses soldats lui avaient donné, était le plus grand et le plus honorable pour lui ; que le nom de roi, par-tout ailleurs illustre, était odieux et insupportable à Rome ; que s'ils regardaient ce qui appartenait à la royauté comme quelque chose de très-glorieux, ils pouvaient croire qu'il en avait l'ame et les sentimens, mais qu'il les priait de ne lui point donner ce nom.

LE premier Scipion l'Africain rendit de très-grands services à sa patrie, aussi les Romains firent tous leurs efforts pour honorer ses exploits. Ils voulurent lui élever des statues dans les comices, dans le barreau, dans le Sénat, et jusque dans le temple de Jupiter. Ils voulurent placer sa représentation revêtue des ornemens du triomphe parmi celles des dieux ; ils voulurent enfin lui donner le consulat et la dictature pendant le reste de ses jours. Scipion ne put souffrir qu'on lui décernât aucune de ces charges, et il ne parut pas moins grand à refuser ces honneurs qu'à les mériter.

~~~~~~~

Sophocle, que ses écrits ont rendu très-illustre, composa des tragédies jusque dans son extrême vieillesse. Ses enfans le citèrent en justice, prétendant que l'étude lui faisait négliger ses affaires; ils voulaient que leur père fût interdit, comme cela se pratiquait chez les Romains, à l'égard des pères qui administraient mal les biens de leurs enfans. Sophocle récita à ses juges une tragédie qu'il venait de composer, et leur demanda si cette pièce était l'ouvrage d'un insensé. Il fut renvoyé absous de l'accusation que ses enfans lui avaient intentée.

~~~~~~~

Socrate trouvait dans sa maison de quoi exercer sa patience. Sa femme Xantippe l'insultait tous les jours. Ses amis lui conseillaient de la chasser de sa maison. Alcibiade, son disciple, étonné jusqu'à quel point allaient ses brusqueries, demanda à Socrate pourquoi il souffrait chez lui une femme aussi méchante : Parce que, répliqua-t-il, en souffrant sa mauvaise humeur, je m'apprends et m'accoutume à supporter plus facilement les injures auxquelles je puis être exposé : j'imite ces écuyers qui choisissent le cheval le plus fougueux, pour apprendre à manier plus habilement les autres.

~~~~~~~

Tel, telle que.

Le sage doit être tel qu'il veut paraître. Telles sont ses actions, telles doivent être ses pensées. Socrate disait que la route la plus sûre pour arriver à la gloire, était d'être tel qu'on voulait paraître, et de mener une vie telle qu'elle fût
~~~~~~~

approuvée de tous les hommes ; car celui qui n'est pas tel qu'on le croit, trompe l'opinion publique : mais il ne trompera pas celui qui sonde les cœurs des hommes, et qui connaît leurs plus secrètes pensées. Qui pourrait ne pas blâmer une telle conduite ? Qui pourrait estimer un tel homme ? Tout ce qui n'a que le masque et l'apparence du bien, tombe tout-à-coup comme une fleur passagère, et tout ce qui est déguisé et contrefait ne peut se soutenir long-temps.

Le même, la même que.

LES hommes qui pensent de même, qui ont les mêmes goûts et les mêmes inclinations, s'aiment comme s'ils étaient frères ; et il arrive alors ce que Pythagore demande dans l'amitié, que de plusieurs hommes il ne s'en fait qu'un seul. L'homme s'aime naturellement lui-même, et il cherche toujours quelqu'un dont les inclinations et les sentimens soient les mêmes que les siens, et dont l'esprit puisse se joindre et se mêler, pour ainsi dire, avec le sien ; de telle sorte que les deux ne soient plus qu'un, puisqu'un véritable ami est comme un autre soi-même. Celui qui veut maintenir l'amitié, éprouve les mêmes affections pour son ami que pour lui-même ; il essuie les mêmes peines pour lui que pour soi-même. La joie et la douleur de son ami sont les mêmes que la sienne propre ; car c'est une espèce de convention entre les hommes de ne pas moins chérir leurs amis qu'eux-mêmes. La raison et l'expérience nous apprennent qu'une telle union est possible, et que l'on ne peut rien trouver de plus propre à rendre la vie douce et agréable.

Autre, autrement que....

L'amitié n'est qu'un fantôme, lorsque l'un n'aime pas à entendre la vérité, et que l'autre est toujours prêt à mentir ; lorsque l'un aime la flatterie, et que l'autre est toujours prêt à flatter : le second perd le premier, un ennemi n'en agirait pas autrement envers son ennemi ; ainsi ils se perdent l'un l'autre. Il y en a d'autres qui racontent aux premiers venus ce qu'ils ne devraient confier qu'à des amis, et déchargent dans les oreilles de tout le monde tout ce qui les chagrine. D'autres, au contraire, se défient de leurs amis les plus intimes, et gardent dans leurs cœurs leurs plus secrètes pensées. Il faut éviter l'un et l'autre, parce que c'est un défaut de se fier à tout le monde, et c'en est un autre de ne se fier à personne ; mais je crois l'un plus honnête, et l'autre plus sûr.

〜〜〜〜〜

Un jour que deux consuls, dont l'un était pauvre et l'autre riche, se disputaient dans le Sénat pour savoir lequel des deux serait envoyé en Espagne, pour y continuer la guerre qu'on y avait déjà commencée, Scipion Emilien qui était présent, dit qu'il était d'avis qu'on n'y envoyât ni l'un ni l'autre, parce que l'un n'avait rien, et l'autre n'avait jamais assez. Il pensait que l'un et l'autre étaient un obstacle à la prospérité de la République, parce que l'un et l'autre aliéneraient les cœurs des nations soumises ; celui-ci en les vexant pour augmenter son trésor, et l'autre pour faire fortune.

RÉCAPITULATION.

DIAGORAS de Rhodes eut trois fils qui se livrèrent dès leur jeunesse l'un au pugilat, l'autre à la course, et le troisième à la lutte ; il les vit tous trois remporter le prix, et recevoir la couronne à Olympie le même jour. Ces trois jeunes gens embrassèrent leur père, et lui mirent leurs couronnes sur la tête. Le peuple le félicitait, et lui jetait des fleurs de toutes parts. Sa joie fut telle qu'il en mourut. Il est bien rare de trouver aujourd'hui de tels pères, mais il est encore plus rare de voir de tels enfans.

Quel, quelle que.... ; quelque que...

QUELLE que soit notre fortune, quels que soient nos talens, nous ne devons pas nous enorgueillir ni mépriser les autres, parce que quelqu'élevés que nous soyons, quelque distance qu'il y ait entre nous et les autres, nous devons nous souvenir qu'ils sont nos frères, quelque petits et quelque pauvres qu'ils soient. Nous devons donc les secourir lorsqu'ils sont dans le besoin, quelque indignes qu'ils en soient, et quelque injure que nous en ayons reçue, parce que nous leur devons notre superflu. Je sais que, quelque généreux que nous soyons, il nous sera difficile de les contenter ; mais cela ne doit pas nous empêcher de leur donner les choses dont ils ont besoin.

QUEL que soit notre rang, quel que soit le poste que nous occupons, nous devons toujours craindre de tomber dans l'abîme. Thémistocle est un exemple frappant de ce que j'avance. Quelque illustre que fût sa naissance, quelque grands que fussent les services qu'il avait rendus à sa patrie, il fut néanmoins exilé ; mais il n'oublia jamais les Athéniens, quelque ingrats qu'ils eussent été envers lui. Il ne voulut jamais se déclarer contre sa patrie, quelque grande que fût l'injure qu'il en avait reçue. Quelque redoutable que la mort paraisse au reste des hommes, il aima mieux mourir que de prendre les armes contre la Grèce.

Participes ayant, étant.

Le nœud gordien étant défait, Alexandre sortit de la ville avec ses troupes. Ayant appris que Darius approchait avec une grande armée, il se hâta de passer le mont Taurus. Etant arrivé à Tarse, il en fit éteindre le feu que les Perses y avaient mis, pour que ses trésors ne tombassent point entre les mains des Lacédémoniens. L'incendie étant éteint, Alexandre donna du repos à ses troupes. Ayant considéré la limpidité des eaux du Cydne qui traverse cette ville, et ayant quitté ses armes et ses habits, il se précipita dans ce fleuve tout couvert de poussière et de sueur. Etant tout-à-coup saisi d'un frisson violent, la pâleur se répandit sur son visage ; ayant presque perdu toute sa chaleur naturelle, il fit appeler ses médecins.

Un seul de ses médecins, nommé Philippe, lui promettait de le guérir ; mais Alexandre ayant appris par des lettres qu'il avait reçues de la Cappadoce, que ce médecin avait été corrompu par Darius, il n'était pas sûr pour lui de l'employer : néanmoins Alexandre se confia à lui. Ayant donc pris le breuvage présenté par Philippe, il lui remit la lettre de Parménion. N'ayant aperçu aucune altération sur son visage, il se rassura et guérit quatre jours après. Philippe ayant autant d'attachement pour Alexandre qu'il en avait, était bien éloigné de le trahir, et ayant autant d'expérience qu'il en avait, il était presque sûr du succès de son remède.

Que adverbe.

Les anciens philosophes priaient Dieu de leur accorder les choses qui leur étaient nécessaires, soit qu'ils les demandassent, soit qu'ils ne les demandassent pas. Que ne lui faites-vous la même prière ? Que ne lui demandez-vous du secours lorsque vous êtes dans l'affliction ? Sachez que vous ne serez dégagé de vos passions que quand vous ne demanderez à Dieu que des choses justes. Que de mortels qui demandent à Dieu des choses honteuses dont ils n'oseraient pas parler aux hommes ! Pour vous, vivez avec les hommes comme si Dieu était sans cesse témoin de votre conduite. Que vous sert-il de cacher vos actions aux hommes, puisque Dieu voit non-seulement ce que vous faites, mais même ce que vous pensez.

Que de désir.

Le nom d'ami est commun, mais les vrais amis sont en très-petit nombre. Qu'ils s'éloignent ces hommes faux et perfides, qui se disent nos amis et qui n'en ont que le nom ; qu'ils cessent d'abuser de notre confiance ; qu'ils se dépouillent enfin de ce masque qu'ils ont porté si long-temps, et qui leur devient inutile. Socrate s'étant fait bâtir une petite maison, quelqu'un lui demanda pourquoi un homme comme lui avait fait bâtir une maison si petie : Plût à Dieu, répondit le philosophe, que je tpuisse la remplir de vrais amis ! Belle réponse ! Puissent les hommes être persuadés de cette

cette vérité ! Un ami est une chose rare. Ne comptez pas pour amis cette foule de courtisans qui frappent aux portes des palais des rois ; leurs antichambres sont pleines d'hommes, mais elles sont vides d'amis. Que les princes sont malheureux ! mais ils ignorent leur malheur.

Ne que..... que ne..... que *entre deux négations.*

L'HOMME de lettres n'aime que l'étude ; il ne se plaît que dans la retraite ; il n'est jaloux que d'orner et d'embellir son esprit, de multiplier et d'étendre ses idées ; il ne converse qu'avec l'ame et la pensée des grands hommes de tous les âges. Ce n'est que pour lui que Virgile a fait des vers si harmonieux ; ce n'est que pour lui que Racine a écrit avec tant d'élégance, et Tacite avec tant de force. Ce n'est qu'à lui que Montesquieu s'adressait lorsqu'il plaidait pour l'humanité, et Fénelon lorsqu'il embellissait la vertu. Il ne lit rien qu'il ne médite et qu'il n'approfondisse. Les lettres font son bonheur, puisqu'elles lui tiennent lieu de tout.

Que d'admiration.

QUE je serais heureux, disait Démosthène, si je pouvais devenir célèbre orateur ! que ma joie serait grande ! que mon bonheur serait parfait ! Quelle passion pour l'étude croyez-vous qu'ait eue ce Grec, en s'enfermant dans une caverne souterraine pour s'appliquer à composer ses gestes et sa voix ? Que d'efforts n'a-t-il pas faits ! que de difficultés n'a-t-il pas vaincues pour devenir le premier orateur de la Grèce ! Combien il était plus éloquent que les autres ! Que de services n'a-t-il pas rendus à sa patrie ! Combien

il était aimé et estimé des Athéniens! Combien
il était redouté des ennemis d'Athènes.

Adverbes de quantité.

R I E N n'est plus nécessaire parmi les jeunes
gens qu'un peu d'émulation et un peu d'amour pour
le travail. Quelle noble ardeur ne voit-on pas
parmi ceux qui veulent se distinguer ! Quels combats ! Quels excès de joie lorsqu'ils sont victorieux ! Quelle confusion lorsqu'ils sont vaincus !
Quelle aversion pour les reproches! Quelle passion
pour les louanges ! Quels efforts ne font-ils pas
pour l'emporter sur leurs condisciples ! on dirait
qu'ils sentent déjà combien la science est utile
et nécessaire aux hommes, et quels sont les avantages qu'elle leur procure ; on dirait qu'ils sentent combien il leur importe de devenir savans :
il semble qu'ils connaissent déjà combien la science
est estimée, et le peu de cas qu'on fait des
ignorans.

On voit par une lettre de Trébonius à Cicéron,
avec quel soin et quelle ardeur son fils s'adonnait à
l'étude des lettres. J'ai été à Athènes, dit Trébonius,
et j'y ai vu ce que je désirais beaucoup, je veux
dire votre fils qui s'adonnait tout entier à l'étude
des belles-lettres. Vous pouvez juger, sans que
je vous le dise, quelle a été la satisfaction que
cela m'a causée ; car vous savez combien je vous
estime, et quelle part je prends à vos intérêts.
Ne croyez pas, mon cher Cicéron, que je vous
dise ceci pour vous flatter ; mais votre fils, ou
plutôt le mien, est le plus intéressant de tous
ceux que j'ai vus à Athènes.

LA vertu est le propre et le seul bien de l'homme sur la terre ; car il n'importe pas à son bonheur quelle étendue de champ il laboure ; combien de personnes le saluent, ni combien est précieux le lit dans lequel il repose ; mais s'il est homme de bien. Or, l'homme de bien est celui qui fait aux autres ce qu'il voudrait qu'on fît pour lui-même, et qui ne leur fait pas ce qu'il ne voudrait pas qu'on lui fît. Notre devoir exige plus que la loi ne commande. O Dieu ! que la vertu est resserrée lorsqu'elle s'en tient aux bornes de la loi ! Que la règle de nos devoirs s'étend bien plus loin que celle du droit ! Que l'amour de Dieu, l'humanité, la libéralité, la justice et la bonne foi nous imposent d'obligations que les lois publiques ne nous prescrivent point !

LA loi qui nous commande de naître et de mourir est universelle. Nous mourrons tous et nous ne mourrons qu'une fois ; c'est ce qui est arrivé à nos pères, à nos ancêtres et à tous ceux qui nous ont précédés, et c'est ce qui arrivera à tous ceux qui viendront après nous. Quelle foule de mortels est prête à nous suivre ! Combien d'autres expireront avec nous ! Que de milliers d'hommes et d'animaux, en cet instant où nous craignons de mourir, rendent le dernier soupir, les uns d'une façon, les autres d'une autre ! La vie est comme une représentation de théâtre. Il nous importe peu de vivre long-temps, mais il nous importe beaucoup de bien vivre.

IL est honteux de manger et de boire avec excès, et de ne point connaître la mesure de son estomac : que de choses le vin fait faire dont on rougit quand on est à jeun ! Un homme qui est un peu adonné à l'ivresse n'est plus maître de lui-même. Celui qui est ivre a autant de peine à garder le secret, qu'à retenir les viandes et les liqueurs dont il regorge. Il n'est pas plus discret sur ce qui le regarde lui-même, que sur ce qui regarde les autres. Quelle gloire y a-t-il à bien boire ? aucune. Supposé que vous ayez remporté la victoire, que vous ayez terrassé tous vos convives, et que personne n'ait porté autant de vin que vous, vous ne l'emportez pas sur le tonneau.

Que *après* plus, moins, autant, tant, etc.

PUBLIUS CORNÉLIUS SCIPION fut un des plus grands généraux que Rome ait produits. Il remporta plus de victoires qu'il n'essuya de défaites. Il était aussi prudent que brave ; il n'avait pas moins d'adresse que de courage ; il était aussi soumis aux ordres du Sénat qu'un simple citoyen. Il n'était pas moins jaloux d'une bonne réputation que de la conquête d'une province ; il avait autant de modération après la victoire, que de fierté dans le combat ; il était aussi estimé de ses ennemis que de ses soldats ; il n'ignorait pas qu'il importe autant à un bon général d'être aimé et estimé, qu'il importe peu à un tyran d'être haï.

Autant, autant *répété*, etc.

ALEXANDRE et Annibal ont été deux grands capitaines ; ils ont remporté autant de victoires que qui que ce soit. Le premier avait beaucoup de témérité ; le second n'en avait pas autant, mais il avait plus d'adresse. Alexandre a soumis beaucoup de nations, Annibal n'en a pas soumis autant ; celui-ci avait affaire avec un peuple très-aguerri et très-habile dans l'art militaire : les Perses ne l'étaient pas autant. Autant Alexandre leur livra de combats, autant il remporta de victoires. Annibal, qui était aussi habile et aussi rusé que qui que ce soit, eut beaucoup de succès en Italie ; mais il n'en eût pas autant qu'Alexandre en eut en Perse. Du temps qu'Annibal était en Italie, Rome était aussi florissante que jamais, et la science militaire y était cultivée plus qu'en aucun lieu du monde : autant de soldats, autant de héros ; tandis que les Perses qui étaient alors aussi lâches et aussi efféminés que jamais, n'avaient que très-peu d'expérience dans l'art de la guerre. Concluons donc que si Alexandre a acquis beaucoup de gloire par la conquête de l'Asie, Annibal en a acquis autant pour avoir tenu les Romains en échec pendant l'espace de seize ans. Les historiens estiment beaucoup Alexandre ; mais ils estiment bien autant Annibal, quoique ses victoires aient été moins nombreuses.

RÉCAPITULATION.

ALEXANDRE séjourna plus long-temps à Babylone que par-tout ailleurs, et jamais aucun endroit n'altéra davantage la discipline militaire. Rien n'était plus corrompu que les mœurs de cette ville ; rien n'était plus propre à irriter et à charmer les passions, que la vie douce et molle que le soldat y menait ; car les Babyloniens étaient livrés au vin et à toutes les suites de l'ivresse. Cette armée, tant de fois victorieuse de l'Asie, s'étant engraissée pendant trente-quatre jours dans le sein des délices et des dissolutions, aurait sans contredit eu moins de force et de courage pour soutenir les guerres suivantes, si elle eût eu à combattre un ennemi aussi redoutable que Porus, qui n'avait pas moins de résolution que de courage.

D'autant plus, d'autant moins que....; plus, moins *répétés*.

Le culte des Dieux, chez les anciens Romains, se pratiquait avec plus de piété que de magnificence, et leurs sacrifices les apaisaient d'autant plus efficacement qu'ils étaient plus simples. Or ces sacrifices étaient de la farine et du sel. Dieu est d'autant plus content de la bonne volonté des hommes, qu'il écoute leurs prières et leur accorde ce qu'ils lui demandent; et il est d'autant plus porté à les pardonner, qu'ils sont plus repentans de leurs fautes. Plus on est juste et pieux, plus on est agréable à Dieu; plus on est injuste et impie, plus on est odieux à Dieu et aux hommes. Les impies se mettent dans l'esprit qu'ils peuvent apaiser Dieu par leurs offrandes et leurs sacrifices; mais ils perdent leurs peines et leurs dépenses : plus ils lui offrent, plus ils l'irritent.

Plus vous ferez de bien aux autres, et plus vous en serez estimé. La libéralité est d'autant plus agréable, et les hommes la louent d'autant plus volontiers qu'elle est, dans les personnes riches et élevées, un refuge assuré pour tous ceux qui se trouvent dans le besoin; aussi, rien n'attire plus la faveur du peuple qu'un cœur libéral. Les grands et les riches sont d'autant moins libéraux qu'ils sont plus avares, et ils sont d'autant plus avares qu'ils sont plus riches. Plus ils ont de richesses, plus ils veulent en avoir; et plus ils en ont, plus ils sont malheureux.

PLUS la modération est rare chez les rois et les princes, plus elle mérite d'éloges. Plus les princes sont modérés, plus ils sont aimés et estimés de leurs sujets. Jules-César, qui usa de sa victoire avec clémence et modération, mérite plus d'éloges que Marius et Sylla qui trempèrent leurs mains dans le sang de leurs concitoyens. Plus ils avaient d'ennemis, plus ils en faisaient périr; plus on avait été opposé à leur parti, plus on était indigne de vivre; moins on était riche, plus on était en sûreté: ils en voulaient non seulement à la vie de leurs ennemis, mais encore à leurs richesses.

Le plus, le moins.

MYCERINUS roi d'Egypte, averti par un oracle qu'il ne lui restait que six années à vivre, employa le plus grand soin qu'il put pour prolonger sa vie. Il imagina un moyen pour convaincre l'oracle de mensonge autant qu'il pourrait, et de six ans en faire douze. Il dormait le moins qu'il pouvait, et lorsque la nuit approchait il faisait allumer plusieurs flambeaux pour en écarter les ténèbres, et se tenait toujours renfermé dans son palais. Insensé! il mit tout en œuvre pour prolonger ses jours le plus qu'il lui fut possible, mais il ne put y réussir.

RIEN n'est plus préjudiciable à la tranquillité de l'esprit que de ne pouvoir rien supporter. C'est pourquoi il faut nous accoutumer à être le moins sensibles qu'il se peut aux pertes qui nous arrivent, et à prendre le moins de part qu'il se peut aux disgraces de la fortune. Il faut être le plus patient et le plus inébranlable qu'il est possible au milieu même des adversités; il faut prendre le plus de précautions que l'on peut pour qu'il n'y ait pas de sa faute, et laisser le reste à la volonté de Dieu. Zénon, apprenant que tous ses biens avaient fait naufrage : La fortune, dit-il, me traite le mieux qu'elle peut, elle veut que je philosophe plus à mon aise.

Tant que....; si que.

DÉMOSTHÈNE eut tant de goût et tant d'ardeur pour l'étude, qu'il vint à bout de surmonter la nature par ses soins, son industrie et ses efforts. Il était si bègue qu'il ne pouvait prononcer la première lettre de la rhétorique qu'il étudiait ; mais il fit tant par son exercice, que personne ne prononçait mieux que lui. Il lutta si long-temps contre la nature, qu'il sortit victorieux du combat : il n'y a rien qu'un travail opiniâtre et un soin exact et assidu ne puissent surmonter. Aussi Démosthène devint si éloquent, qu'il l'emporta sur tous les orateurs tant Grecs que Romains. Cicéron faisait tant de cas de ses harangues, qu'il les traduisit du grec en latin, et tant qu'il vécut il ne cessa de les admirer.

PHILIPPE à Aristote. Salut. Je vous annonce qu'il m'est né un fils. Je ne remercie pas tant les Dieux de me l'avoir donné, que de ce qu'il est venu au monde dans le temps que vous viviez encore ; car j'espère qu'étant élevé et instruit sous votre discipline il deviendra digne de sa naissance, et de l'empire qui lui est réservé ; et je crois que tant qu'il fera usage de vos préceptes il sera aimé et estimé de ses sujets. Philippe ne fut point trompé dans l'opinion qu'il avait d'Aristote ; car Alexandre l'ayant eu long-temps pour maître, en reçut des préceptes tant pour bien vivre que pour bien parler : de sorte qu'Alexandre n'hésita pas de dire qu'il avait autant d'obligation à Aristote qu'à Philippe, et qu'il n'était pas moins redevable à celui-ci de vivre, qu'à celui-là de bien vivre.

CESAR était si bon qu'il pardonnait à ses plus cruels ennemis ; aussi Cicéron lui donne cette belle louange, d'avoir su vaincre son ressentiment avec autant de courage que ses ennemis. Vous avez soumis, lui dit-il, des nations si formidables par leur férocité, que tout autre que vous n'aurait osé les attaquer, et si bien pourvues de tout ce qui leur était nécessaire pour se défendre, qu'il paraissait impossible de pouvoir s'en rendre maître. Il est vrai qu'il n'y a rien de si puissant, ni de si redoutable, dont le fer et la force ne puissent venir à bout; mais se dompter soi-même, étouffer son ressentiment et mettre un frein à la victoire, rien n'est si difficile, rien n'est si rare.

Assez pour....

IL n'y a personne qui soit assez stupide pour ignorer qu'il doit mourir un jour; cependant, quand on approche de la mort, on tergiverse, on tremble et on gémit. On n'est jamais assez ennuyé de la vie pour désirer la mort. Ne regarderiez-vous pas comme un insensé celui qui verserait des larmes de ce qu'il n'est pas venu au monde mille ans auparavant? il y a autant de folie de pleurer de ce qu'on ne vivra pas mille ans après. L'un et l'autre temps ne sont pas à nous. Vous n'êtes pas assez insensé pour croire que vous avez toujours été ; vous savez que vous ne serez pas toujours : pourquoi donc pleurez-vous? Vous irez là où vont toutes les autres créatures. Ayez donc assez de courage pour mépriser la mort, et assez peu d'amour pour la vie pour l'attendre avec tranquillité.

Trop pour....

UN grand seigneur qui avait trop peu d'esprit pour prévoir les dangers auxquels il s'exposait en traversant une forêt qui se trouvait sur sa route, ne prit avec lui qu'une petite escorte. Arrivé au milieu de la forêt, il est attaqué par une troupe de voleurs ; sa suite, qui était trop faible pour le défendre, cria au secours. Des bûcherons qui se trouvaient par hasard dans la forêt, et qui étaient trop charitables pour laisser égorger leurs semblables, accoururent aux cris. Les assassins, qui étaient trop peu nombreux pour résister, prirent la fuite. Le seigneur échappé des mains de ces brigands, voulut récompenser les bûcherons. Ceux-ci lui demandèrent cent écus ; il leur répondit que c'était trop pour des bûcherons : Vous avez raison, dirent-ils, c'est trop pour avoir sauvé la vie à un ingrat ; mais ce serait trop peu pour l'avoir conservée à un homme reconnaissant.

Adverbes de temps.

A peine Alexandre fut mort que tout le palais retentit de cris et de gémissemens. Aussitôt que cette nouvelle fut répandue dans Babylone, les Macédoniens et les Barbares couraient çà et là, et les vainqueurs ne pouvaient être distingués des vaincus. Cette mort, qui fut occasionnée par la débauche plutôt que par le poison, et qui arriva plutôt qu'on ne croyait, remplit la ville de deuil et de désolation. Du temps qu'Alexandre était en Macédoine, il se faisait gloire de vivre selon les coutumes de ses ancêtres ; mais il ne fut pas plutôt maître de l'Asie, qu'il se livra tout entier à ses passions, et changea en orgueil et en débauche sa continence et sa modération ; et cet homme qui avait vaincu l'Europe et l'Asie , ne put pas se vaincre lui-même.

RÉCAPITULATION.

Alexandre fut d'autant plus regretté de ses soldats , qu'il en avait été plus aimé et estimé ; car plus on aime, plus on a regret de perdre. Les Perses n'étaient pas moins affligés de cette perte que les Macédoniens : ceux-ci le pleuraient comme le meilleur et le plus vaillant prince qui eût jamais existé ; ceux-là comme le plus juste et le plus doux des maîtres. Tous murmuraient non pas tant de le perdre , que de ce que les Dieux le leur ravissaient à la fleur de son âge et de sa fortune. Les mages Chaldéens avaient été assez hardis pour venir au-devant d'Alexandre , et lui assurer que le séjour de Babylone lui serait fatal ; mais ce conquérant , trop fier pour écouter leurs prédictions , continua sa route et fut la victime de sa témérité.

Prépositions *de* et *à.*

De tous les présens que la nature nous a faits, la raison est le meilleur. Elle a donné à chaque espèce d'animaux un instinct qui les porte à se conserver , à défendre leur corps et leur vie , à éviter ce qui peut leur nuire , et à chercher de quoi se nourrir ; mais l'homme est le seul qui soit doué de raison , et le seul qui puisse distinguer le bien d'avec le mal , et la vérité d'avec le mensonge. Nous naissons avec une ardeur insatiable de connaître la vérité : de là vient que nous cherchons toujours à voir , à entendre , ou à apprendre quelque chose. Nous ne trouvons rien de plus beau que d'interroger la nature , de pénétrer ses secrets, et d'exceller dans quelque science. Cependant rien n'est plus commun que de voir des gens croupir dans l'ignorance, jusqu'à ne pas connaître même l'histoire de leur pays.

Pour.

LES Romains avaient un grand amour pour leur patrie ; ils se faisaient gloire de mourir pour elle. Nous avons de l'amour pour nos pères et mères ; nous en avons pour nos parens et nos amis ; mais tous ces différens amours se trouvent réunis dans celui que nous avons pour notre patrie. La carrière de la vie est courte pour celui qui désire obtenir une gloire immortelle ; mais, puisque la mort est une loi établie pour tous les hommes, on doit plutôt faire le sacrifice de sa vie pour sa patrie, que d'attendre l'arrêt de la nature.

POUR moi, je ne voudrais pas recevoir l'immortalité au préjudice de ma patrie ; et j'ai toujours pensé que ceux qui s'étaient sacrifiés pour la République n'étaient point morts, mais qu'ils avaient perdu une vie passagère pour recevoir une gloire immortelle. Pour que nous soyons plus disposés à défendre notre patrie, pensons qu'il y a dans le ciel une place marquée pour tous ceux qui auront perdu leur vie pour sauver leur patrie, où ils jouiront d'une félicité éternelle. Ce n'est donc pas pour avoir exposé votre vie en défendant votre patrie, que vous serez blâmé, mais pour l'avoir lâchement conservée lorsque votre patrie était en danger.

Sans.

COMME on ne peut exercer l'autorité souveraine sans impôts et sans tributs, les peuples ne doivent pas regarder l'obligation de les payer comme un joug insupportable; ils doivent faire sans se plaindre le léger sacrifice d'une portion de leurs biens, pour acheter une paix et un repos solide et durable, sans lesquels ils ne sauraient être heureux; car la tranquillité des états ne peut pas subsister long-temps sans le secours des armées : or il ne peut y avoir des armées sans solde, ni de solde sans tributs ; d'où l'on peut facilement conclure que les impôts sont les nerfs d'un empire.

— Sans, après, avant.

LA nature ne donne point la vertu ; nous naissons pour elle, mais sans elle. La vertu vient de Dieu, et il n'y a point d'homme vertueux sans Dieu. L'homme ne peut pas s'élever au-dessus de sa condition, sans que Dieu lui prête son secours. C'est lui qui inspire les desseins nobles et hardis : aussi les anciens n'entreprenaient jamais rien sans avoir consulté auparavant les oracles. Cyrus n'entreprit jamais aucune guerre qu'après avoir consulté les Dieux du pays. Scipion l'Africain ne fit jamais aucune démarche avant d'avoir fait une longue séance sur le trépied du grand Jupiter. C'est pour cela qu'après avoir dormi quelques heures, il avait coutume de se rendre au Capitole avant la pointe du jour.

RÉCAPITULATION.

LES anciens qui ont vécu dans l'âge d'or n'avaient pour loi et pour guide que la nature; ils vivaient sans crime, et par conséquent sans peine et sans contrainte. Il n'étoit besoin ni de récompenses, ni de menaces, parce que les hommes se portaient naturellement au bien ; mais après que l'ambition, la force et les autres passions eurent pris la place de la pudeur et de la modestie, on établit des lois. Il est nécessaire de connaître les maladies avant que d'y apporter les remèdes qui sont propres à les guérir ; il était donc nécessaire de connaître les passions des hommes avant de leur mettre un frein.

Au lieu de....; bien loin de....

Au lieu de mépriser la pauvreté, les anciens l'estimaient. Il y avait à Rome seize Elius qui n'avaient pour toute fortune qu'une petite maison, et un petit champ qui demandait bien moins de cultivateurs qu'il n'avait de maîtres ; cependant les Romains les plus illustres, au lieu de fuir la compagnie de ces Elius, vivaient familièrement avec eux. Paul-Emile, un des principaux de la ville, voyant l'état pauvre d'Elius Tubéron, lui donna sa fille en mariage, qui, au lieu d'être choquée de la pauvreté de son mari, admirait la vertu qui l'y avait réduit.

Les ambitieux s'attristent des succès des autres, au lieu de s'en réjouir. Alexandre était jaloux de la gloire de son père, au lieu de l'admirer. Toutes les fois qu'il entendait dire que son père avait pris quelque ville considérable, ou gagné quelque grande bataille, loin de s'en réjouir il disait aux jeunes gens qui étaient avec lui : Mes amis, mon père prendra tout, et il ne nous laissera rien à faire. Au lieu de mépriser Achille, il portait envie à sa réputation et à sa valeur, et il s'écria en voyant son tombeau : O heureux mortel ! qui trouvas dans Homère un panégyriste digne de ton courage ! En effet, sans l'Iliade d'Homère le corps et le nom d'Achille, loin d'être transmis à la postérité, auraient été ensevelis dans le même tombeau.

Si *conditionnel.*

Il y avait autrefois dans une ville de France un juge qui était très-pauvre. Ses amis lui ayant offert cent écus, il les refusa et leur dit : Je ne reçois pas des présens qui me forceraient, si je voulais en témoigner ma reconnaissance, à vous accorder quelque chose contre la justice, et qui me feraient passer pour un ingrat si je ne vous la témoignais pas. Ce juge rougissait si peu de son indigence, qu'il répondit à un homme qui lui en faisait un reproche : J'aime mieux être pauvre et juste, que d'être riche et injuste, parce que tu ne manquerais pas de me reprocher mon injustice, comme tu me reproches ma pauvreté.

Les députés de Philippe, roi de Macédoine, ayant apporté une grosse somme d'argent à Phocion qui était un homme très-pauvre, il ne voulut pas la recevoir. Les députés l'engagèrent fortement à l'accepter, sinon pour lui-même, du moins pour ses enfans qu'une si grande pauvreté mettrait hors d'état de soutenir la gloire de son nom : Si mes enfans me ressemblent, répliqua Phocion, ce petit fonds de terre dont j'ai vécu jusqu'ici, et qui m'a conduit à cette gloire dont vous me parlez, les nourrira aussi ; s'ils ne me ressemblent point, je ne prétends pas entretenir et augmenter leur luxe à mes dépens.

L'histoire de Gygès n'est qu'une fable que Platon a inventée ; mais si le sage avait le même anneau dont se servait ce Gygès, il ne se croirait pas plus en liberté de mal faire que s'il ne l'avait pas : car ce que cherchent les gens de bien, c'est de ne rien faire que ce qui est honnête ; et quand même ils ne seraient ni vus, ni soupçonnés d'avoir fait le mal, ils ne le feront pas. Si tous les hommes étaient bien persuadés que Dieu les voit et qu'il les punira, personne ne pècherait ; mais, pourvu qu'ils se fassent un grand nom et qu'ils deviennent riches, ils n'examinent pas si les moyens qu'ils emploient sont justes ou injustes ; ils n'examinent pas si Dieu approuve leurs actions ou non ; s'il les en récompensera, ou s'il les en punira.

Comme, de même que.

COMME dans le siècle où nous sommes, l'amitié a la voix extrêmement faible pour les remontrances libres, de même elle a beaucoup de langue pour flatter. C'est donc de nos ennemis qu'il faut entendre la vérité. Comme Thélèphe, selon le rapport de la fable, abandonné de son médecin, guérit sa blessure avec la rouille du fer qui en avoit été l'auteur ; de même il est nécessaire que ceux qui n'ont pas un ami charitable pour les châtier, écoutent les leçons d'un ennemi qui déclare la guerre à leurs vices : car, comme un malade ne doit pas examiner la bonté du remède qu'il prend, mais son utilité, de même il ne faut pas avoir égard à la disposition de celui qui nous reprend, mais à la vérité et à l'utilité de ses réprimandes.

COMME un jeune homme demandait à Sénèque de quelle manière il fallait vivre pour être agréable à Dieu : Il faut vivre, répondit ce philosophe, comme si vous viviez en présence de tout le monde ; il faut penser comme si quelqu'un pouvait approfondir l'intérieur de votre cœur. Car que vous sert-il de tenir quelque chose caché aux hommes ? rien n'est caché à Dieu. Comme on demandait à Thalès si les actions des hommes pouvaient être inconnues à Dieu : Pas même leurs pensées, répondit-il.

RÉCAPITULATION.

Nous devons être jaloux d'une bonne réputation, au lieu de la négliger ; car bien loin qu'il convienne à un jeune homme bien né d'être indifférent sur ce que les autres peuvent dire sur son compte, il lui importe que tout le monde ait bonne estime de lui. Comme la beauté extérieure d'un homme plaît à tout le monde, de même la constance et l'égalité d'une conduite soutenue, et la modération dans nos paroles et nos actions, nous attirent l'estime et l'approbation de ceux avec qui nous vivons : si donc vous souhaitez qu'on parle avantageusement de vous, apprenez à bien parler et à bien faire ; ce n'est que par ce moyen que vous pourrez jouir d'une bonne réputation.

Aller, devoir, il faut, *suivis d'un infinitif.*

Nous devons éloigner de nous tout ce qui sert à irriter les passions. Il faut aguerrir notre cœur, et l'arracher aux appas séduisans des plaisirs. Un seul quartier d'hiver perdit Annibal : les délices de Capoue énervèrent le courage de ces hommes que les neiges des Alpes avaient trouvés invincibles. Ils vainquirent par les armes, et ils furent vaincus par les vices. Il faut donc livrer aux vices une guerre éternelle et sans réserve. Il faut principalement réprimer les passions qui entraînent les caractères les plus farouches. Il ne faut rien faire avec délices, rien avec mollesse : il ne faut point efféminer notre cœur ; c'est pourquoi il faut choisir des endroits solitaires et tranquilles pour y fixer notre demeure.

Il faut lire souvent. La lecture nourrit l'esprit; elle le rétablit de la fatigue qu'il essuie à imaginer et à inventer. Il faut écrire aussi; mais il faut savoir si bien entremêler l'un avec l'autre, que tout le fruit que nous tirons de notre lecture, puisse contribuer à nourrir notre esprit et à nous aider à composer. Nous devons imiter les abeilles qui tirent des fleurs le suc propre à travailler leur miel, et disposent ensuite par rayons tout ce qu'elles ont apporté. Les enfans doivent lire et apprendre non-seulement ce qui peut former leur éloquence, mais encore leurs mœurs. Il faut donc leur choisir non-seulement les auteurs, mais encore les meilleurs morceaux de ces auteurs; car il y a des écrits licencieux; et moi-même je ne voudrais pas expliquer certains passages qu'il y a dans Horace.

***

Alexandre escalada le premier les murailles d'Oxidraque, et sauta précipitamment dans la place pleine d'ennemis. Les soldats allaient le suivre; mais, les échelles s'étant brisées, Alexandre se trouva seul à lutter contre un essaim d'ennemis qui fondaient sur lui de toutes parts. Seul il mit tout en pièces ou en fuite; il terrassa même le chef des ennemis qui allait le percer de sa lance. Mais blessé lui - même il allait périr, si ses amis ne fussent venus à son secours pour arrêter l'impétuosité de ces barbares qui allaient s'en emparer.

***

Tant s'en faut, peu s'en faut, etc.

Tant s'en faut que les Scythes louassent la mollesse et l'oisiveté, qu'au contraire ils punissaient sévèrement ceux qui étaient enclins à ces vices. Un jour, un d'entr'eux ayant bâillé d'une manière un peu trop forte dans une assemblée, peu s'en fallut qu'on ne le punît de mort. Aussitôt on délibéra sur la peine flétrissante qu'on devait lui infliger ; mais ayant fait serment qu'il n'avait pu résister à cette envie, et que c'était une indisposition naturelle chez lui, on l'exempta de la punition qui lui était destinée. Il s'en faut beaucoup que nous soyons aussi sévères.

~~~~~~~

Tant s'en faut qu'Antiochus, roi de Syrie, favorisât les Juifs, qu'au contraire il entreprit de détruire leur religion et leur empire, et peu s'en fallut qu'il n'en vînt à bout. Il ne tint à rien qu'il ne détruisît Jérusalem ; car, après avoir pillé le temple et brûlé les livres saints, il remplit la ville de carnage. Il s'en faut bien qu'il épargnât les rebelles, qu'au contraire il les punit des derniers supplices. Faut-il que l'homme soit aussi barbare ! Est-il possible qu'il puisse traiter ainsi ses semblables ! Faut-il que pour la faute d'un seul une nation entière soit punie !

~~~~~~~

Faire *devant un infinitif*.

Le roi Dorus fit mourir Attipe, l'un des juges de son royaume, parce que s'étant laissé corrompre par l'argent il avait rendu une sentence inique. Lui ayant fait couper la tête il fit jeter le tronc à la voirie ; mais il eut soin de faire suspendre ses habits dans la salle où l'on rendait la justice, pour faire sentir aux autres juges quels étaient les châtimens qui leur étaient réservés, si l'argent leur faisait faire quelque chose d'injuste : ce qui me fait encore croire que chez tous les peuples l'injustice a été regardée comme un grand crime.

Ne faire que de...; ne faire que....

ALEXANDRE ne faisait que d'arriver à Babylone lorsqu'un médecin Thessalien l'invita à un festin avec ses amis. Alexandre ne faisait que de se mettre à table lorsqu'on lui présenta à boire ; mais à peine eut-il avalé cette boisson qu'il jeta un cri comme s'il eût été percé d'un trait. On l'emporta de table à demi-mort. Ses amis ne faisaient que publier que l'excès de la débauche était la cause de sa maladie. Les soldats ne faisaient que murmurer ; les uns soupçonnaient qu'il était mort par l'excès de la débauche, les autres qu'il avait été empoisonné. Alexandre ne faisait que d'apprendre ces bruits lorsqu'il ordonna qu'on les fît entrer.

Venir de...; venir à...; n'aller pas....

LES amis d'Alexandre venaient de sortir de sa chambre lorsque les soldats y entrèrent. La douleur était empreinte sur leurs visages. N'allez pas vous imaginer qu'Alexandre versa des larmes en leur présence ; au contraire, il en consola quelques-uns qui se livraient trop à la douleur. N'allez pas croire qu'il redouta la mort ; au contraire, il se montra aussi intrépide contr'elle que contre l'ennemi. Il les fit tous passer devant lui, et leur présenta la main à baiser. Les soldats venaient de se retirer lorsqu'Alexandre fit rentrer ses amis, et qu'il leur dit ses dernières paroles.

RÉCAPITULATION.

TANT s'en fallut que Philippe, roi de Macédoine, épargnât les Phocéens, qu'au contraire il les fit tous massacrer ; il fit aussi raser leurs villes, et transporta les habitans dans d'autres contrées qu'il venait de ravager; car il ne faisait que piller ou massacrer les nations voisines. Alexandre venait d'atteindre sa vingtième année, lorsque les Molosses excités par Philippe détrônèrent Arymbas. Alors Philippe donna à Alexandre le sceptre qu'il venait d'enlever à Arymbas; mais il n'en jouit pas long-temps, car il mourut bientôt, et le fils d'Arymbas monta sur le trône qu'Alexandre venait de laisser.

Être près…, sur le point de….

C'était une coutume chez les Romains, que lorsqu'un consul était sur le point d'entrer dans quelque maison, le licteur frappait à la porte avec une verge qu'il portait à la main, à moins que ce ne fût la maison d'un homme pour qui le consul lui-même dût avoir quelqu'égard. C'est pourquoi lorsque Pompée passait par Rhodes en revenant d'Asie, et qu'il était sur le point d'entrer chez le philosophe Possidonius, il défendit au licteur de frapper à la porte de ce philosophe, parce qu'il voulait lui témoigner combien il aimait les savans.

Ne manquer pas de…..; laisser….., ne laisser pas de….

Un bon maître ne doit pas manquer de châtier ses élèves lorsqu'ils ne s'acquittent point de leurs devoirs, parce que s'il a trop d'indulgence pour eux il leur rend d'abord un très-mauvais service, et les élèves ne manqueront pas de le mépriser et de le maudire tôt ou tard. Un enfant bien né ne laisse pas d'aimer et d'estimer son maître, quoiqu'il en reçoive des châtimens, parce qu'il sait que c'est pour son bonheur. Marc - Aurèle étant devenu empereur ne laissa pas de pleurer la mort de son maître, quoiqu'il en eût reçu plusieurs châtimens. Comme ses courtisans et ses officiers l'exhortaient à s'en consoler : Laissez-moi, leur répondit-il, pleurer celui qui m'a fait ce que je suis.

S'occuper à, etc.; avoir la force, etc.; ne servir qu'à....

Encouragés par les exemples de toutes ces ames héroïques qui ont eu la force de braver la mort, commençons enfin à la désirer, ou cessons au moins de la redouter, puisque ces derniers instans, bien loin d'entraîner l'anéantissement de notre ame, ne servent qu'à la changer de place : y a-t-il au monde un objet plus digne de nos vœux? Commençons donc à nous en occuper. S'il nous survient quelque accident par lequel il semble que Dieu nous ordonne de sortir de cette vie, non-seulement nous devons avoir la force de le supporter, puisqu'il ne sert qu'à l'accomplissement de nos vœux, mais encore nous devons en rendre graces à celui qui nous l'envoie; c'est une preuve qu'il s'occupe à chercher nos intérêts. Mettons-nous donc à faire les préparatifs nécessaires pour le voyage de notre éternelle et unique patrie.

Savoir *devant un infinitif.*

Il tarde, il ne tient qu'à, etc.

Un père ayant appris que son fils avait résolu de l'assassiner, et qu'il lui tardait de venir à bout de son dessein, sut dissimuler son indignation, et témoigner à cet enfant dénaturé autant d'amour et de bienveillance qu'à l'ordinaire. Cependant il n'aurait tenu qu'à lui de le faire arrêter; mais il sut le traiter avec plus de bonté et de douceur : il sut même profiter de cette occasion pour le corriger et le ramener à des sentimens plus nobles. L'ayant emmené dans une forêt lointaine, il lui montra un poignard et lui dit : Mon fils, il ne tient qu'à toi d'ôter la vie à celui à qui tu la dois. J'ai appris qu'il te tardait de te défaire de moi, et je t'ai amené dans cette forêt pour que personne ne fût témoin d'un crime aussi atroce ; saches profiter de l'occasion. Voilà le fer. A ces mots le fils se jette au cou de son père, l'embrasse, avoue son crime et lui en demande pardon.

Avoir beau......, avoir de la peine.....; à force de....

ON a beau mépriser les menteurs, on a beau dire que le mensonge est odieux, rien n'est plus commun. On a beau dire que le propre de l'homme juste est de dire toujours la vérité, quoiqu'il puisse lui en coûter, la plupart des marchands ne gagnent qu'à force de tromper et de mentir ; vous avez beau leur dire qu'ils perdront tôt ou tard la confiance publique, ils vous répondent qu'ils auraient beaucoup de peine à vivre s'ils disaient toujours la vérité. Dans les commencemens ils doivent avoir de la peine à s'accoutumer au mensonge ; mais s'y étant une fois accoutumés ils mentent sans peine. Tant il est vrai qu'à force de travail on vient à bout de tout ! Tant il est vrai que l'habitude est une seconde nature !

Avoir le bonheur, etc.; avoir lieu, etc.

DIEU apparut en songe à Salomon, et lui promit de lui accorder tout ce qu'il voudrait. Salomon ne lui demanda que la sagesse, et il n'eut pas lieu de se repentir d'une telle demande ; car

il eut le bonheur d'obtenir de Dieu non-seulement
la sagesse, mais encore des richesses et une grande
gloire ; de sorte qu'il eut le bonheur d'être le plus
sage des rois, et de posséder plus de trésors qu'aucun de ses ancêtres. Il gouvernait avec beaucoup
de sagesse ; les Israélites n'eurent jamais lieu de
se plaindre de lui. Mais dans la suite ayant eu
le malheur de se livrer à la volupté, il perdit la
sagesse et il eut lieu de s'en repentir, car Dieu
lui annonça le châtiment qui lui était réservé.

Pour ne pas dire.. ; vous ne sauriez croire.. ; Malgré....

APRÈS qu'Alexandre eut détrôné le roi de
Sydon qu'il jugea indigne de régner, pour ne pas
dire de vivre, il conçut le dessein, malgré toutes ses
occupations, de se rendre à Tyr pour s'acquitter d'un
vœu fait à Hercule qui était spécialement honoré
dans cette ville. Il demanda donc qu'on lui en ac-
cordât l'entrée ; les Tyriens la lui refusèrent malgré
ses instances. Alexandre outré de colère leur répondit qu'il y entrerait malgré eux. Tyr était une
ville très-fortifiée, pour ne pas dire imprenable ;
néanmoins Alexandre s'en rendit maître, malgré
la vigoureuse résistance que les Tyriens lui oppo-
sèrent, ainsi que les Carthaginois qui étaient venus
à leur secours. Vous ne sauriez croire quel fut le
carnage qu'il fit des habitans.

Au haut de..., au milieu de, etc....

LORSQUE vous voyez un homme intrépide au
milieu des dangers, insensible aux passions, heureux au milieu de l'adversité, paisible au milieu
des tempêtes comme un rocher au milieu de la
mer;

mer; regardant avec dédain tous les biens d'ici-
bas, comme s'il était élevé à un degré supérieur à
l'humanité, n'êtes-vous pas pénétré d'admiration
pour lui? Ne vous écrieriez-vous pas? Le courage
qui l'anime est plus grand et plus élevé que le
petit corps où il réside! l'esprit divin est des-
cendu dans ce mortel : les misères humaines n'ont
jamais trouvé place au fond de son cœur. Il est
aussi tranquille au fond des cachots qu'au faîte
des grandeurs.

RÉCAPITULATION.

Tous les grands hommes de l'antiquité ont eu
un souverain respect pour les Dieux, parce qu'ils
ont été persuadés que tout leur venait d'eux.
Cicéron déclare ouvertement que le dessein de
sauver sa patrie lui a été inspiré par les Dieux:
O Dieux immortels! c'est vous, sans doute, qui
avez allumé dans mon cœur le zèle de sauver ma
patrie; c'est vous qui avez détourné mon esprit de
toute autre pensée, pour le fixer uniquement au
salut de ma patrie; c'est vous enfin qui l'avez si
bien éclairé au milieu des ténèbres épaisses de
l'erreur, de l'ignorance : c'est donc à vous et non
à moi que Rome doit son salut. Je vous rendrai ce
qui vous appartient.

Alexandre, Cyrus, Annibal, Scipion l'Africain et tant d'autres, ne firent jamais aucune démarche sans avoir auparavant consulté les Dieux.
Alexandre, au milieu des ruines de Thèbes, n'oublia point le respect qui était dû aux Dieux immortels; il eut un grand soin que les temples et
les autres lieux consacrés aux Dieux ne fussent
point profanés. Dans sa campagne d'Asie, résolu
de tirer vengeance des Perses il épargna tous les

lieux consacrés aux Dieux, quoique les Perses eussent pris plaisir à exercer ce genre de cruauté dans la Grèce.

⁓⁓⁓⁓⁓⁓

LE moyen le plus sûr et l'unique pour augmenter la mémoire, est l'exercice et le travail. Thémistocle en est un témoin, lui qui dans une année apprit à parler la langue persanne beaucoup mieux que les naturels du pays. Mithridate parlait les vingt langues des vingt nations dont il était roi. Crassus apprit si parfaitement les cinq dialectes grecs, qu'il rendait justice à chacun dans sa langue. Cyrus enfin, si l'on en croit l'histoire, savait par cœur tous les noms de ses soldats. On dit que Théodecte répétait sur-le-champ plusieurs vers qu'il n'avait entendus qu'une fois.

⁓⁓⁓⁓⁓⁓

CELUI qui ne s'oppose pas à l'injustice quand il le peut, est lui-même coupable. Chez les Égyptiens on condamnait à mort tout voyageur qui, ayant rencontré sur son chemin un homme attaqué par des voleurs, ou près de recevoir quelque injure, ne lui avait pas donné du secours, pouvant le faire. S'il ne pouvait le secourir, il était tenu de citer le coupable devant le juge, et de le poursuivre en justice : s'il y manquait, il était condamné au fouet et à rester trois jours sans manger. Les Egyptiens avaient plusieurs coutumes qui étaient très-louables et très-propres à maintenir la tranquillité et la sûreté publique.